GW01606549

mon atlas du monde

6-9 ans

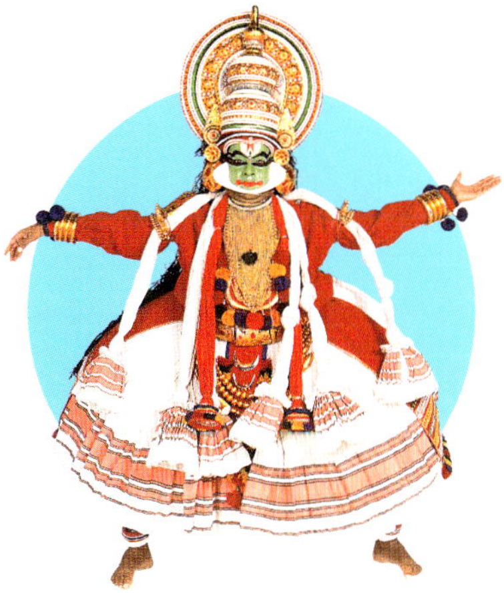

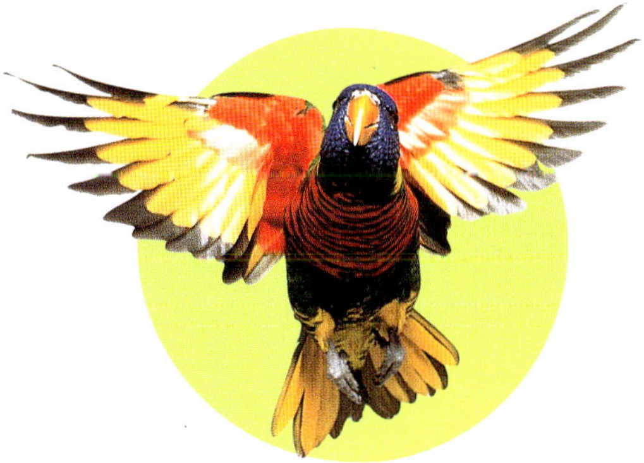

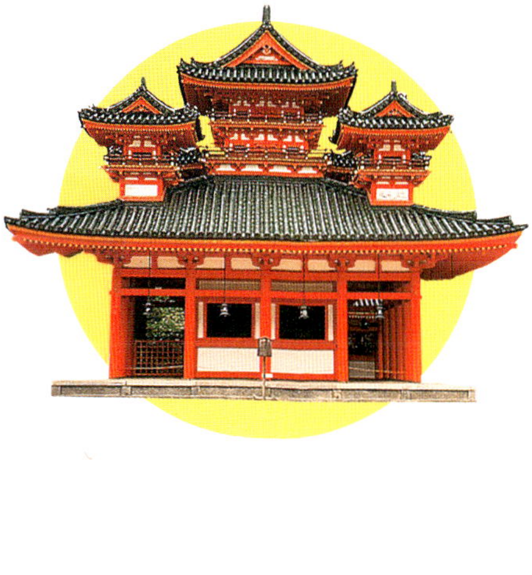

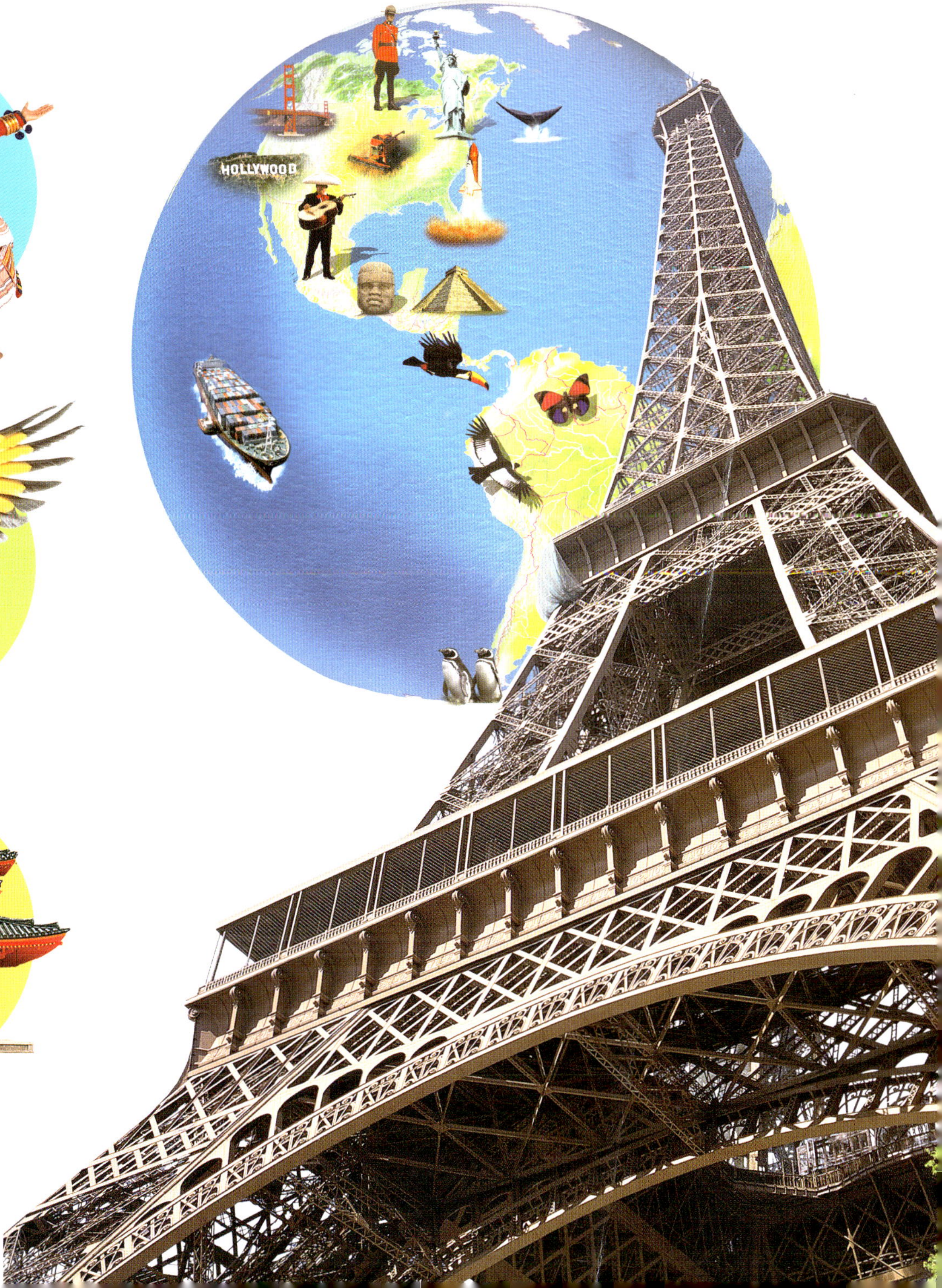

HOLLYWOOD

Pour l'édition originale :
Auteurs Anita Ganeri et Chris Oxlade
Chef de projet Ben Morgan
Responsable artistique Janet Allis
Éditeur Simon Holland
Directeur artistique Cheryl Telfer
Maquettistes Jacqueline Gooden, Mary Sandberg, Floyd Sayer, Sonia Whillock
Assistant éditorial Fleur Star
Cartographe Peter Bull

Directeur de publication Sue Leonard
Responsable éditorial Clare Shedden
Couverture Poppy Jenkins, Bob Warner
Iconographes Martin Copeland, Sean Hunter, Sarah Stewart-Richardson
Fabrication Linda Dare
Maquettiste PAO Almudena Díaz

Pour l'édition française :
Responsable éditorial Thomas Dartige
Édition Anne-Flore Durand
Couverture Christine Régnier
Photogravure de couverture Scan +
Site Internet associé Françoise Favez, Bénédicte Nambotin et Éric Duport
Adaptation et réalisation ML Éditions, sous la direction de Michel Langrognet
Traduction Catherine Zerdoun

Titre original : *Picture Atlas*

ISBN 978-2-07-061336-6

Loi n°49-956 du 16 juillet 1949 sur les publications destinées à la jeunesse
Premier dépôt légal : Septembre 2008
Dépôt légal : Avril 2011
N° d'édition : 182159

Photogravure : Colourscan à Singapour
et relié en Chine par Toppan Printing Co. (Shenzen) Ltd

Sommaire

Notre planète

La surface de notre planète est couverte pour les deux tiers d'eau et de glace et pour un tiers de terre. Ces terres sont divisées en sept gros morceaux, les continents. Les eaux sont réparties en cinq grandes zones : les océans.

Amérique du Nord

Océan Atlantique

Océan Pacifique

Amérique du Sud

À l'intérieur de la Terre

L'intérieur de la Terre est composé de plusieurs couches de roche très chaude et parfois liquide. Nous vivons sur le manteau, une couche fine et solide, un peu semblable à la pâte d'une tarte.

Les endroits peuplés

Cette photo de la Terre a été prise la nuit par un satellite dans l'espace. Les points lumineux proviennent des lumières allumées. Ils indiquent les grandes villes de notre planète.

Combien de temps faudrait-il pour faire le tour de l'équateur en marchant ?

Sept continents

L'Amérique du Nord, l'Amérique du Sud, l'Europe, l'Asie, l'Afrique, l'Australie et l'Antarctique sont les continents de la Terre. On considère parfois que l'Europe et l'Asie forment un seul continent, l'Eurasie.

Connaissez-vous...

le plus petit continent ? L'Australie, qui est aussi la plus grande île de la planète.

le continent le plus peuplé ? L'Asie, avec environ 3 milliards et demi d'habitants.

le plus grand océan ? Le Pacifique, aussi vaste que tous les autres océans réunis.

Environ un an... sans s'arrêter.

Les cartes et les atlas

Une carte est un dessin qui indique les villes, les montagnes, les lacs, les fleuves, les routes, etc. Un atlas est un recueil de cartes.

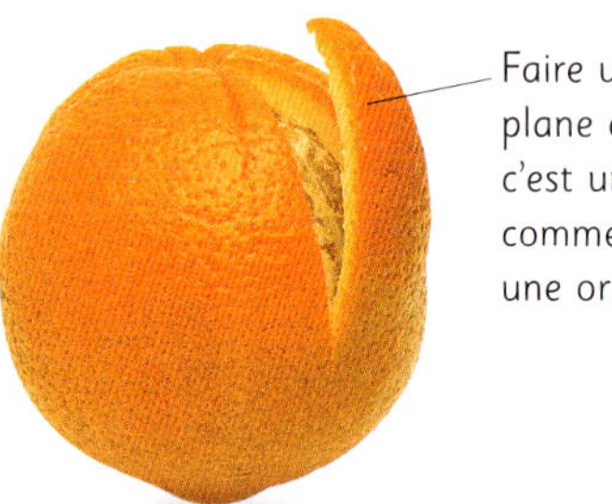

Faire une carte plane de la Terre, c'est un peu comme éplucher une orange.

Les bandes les plus fines doivent être étirées pour obtenir un rectangle.

Éplucher la Terre
Le globe est le meilleur moyen de représenter la Terre car notre planète est ronde. Sur une carte plane, certaines zones apparaissent étirées ou écrasées.

Comment utiliser ce livre?

Cet atlas comprend des pages de cartes et des pages d'information. La légende explique ce que veulent dire les symboles sur les cartes.

Légende des cartes

CAPITALE DU PAYS

Capitale d'État

Ville

Montagne

Endroit intéressant

Frontière

Limite d'État

Fleuve, rivière

Les **boussoles** indiquent la direction du Nord, du Sud, de l'Est et de l'Ouest.

Les **petites illustrations** montrent ce que les visiteurs du pays peuvent découvrir sur place : monuments célèbres, animaux, sports...

Des **questions** vous permettent de tester vos connaissances sur les différentes régions du monde. La réponse se trouve à l'envers, sur la page opposée.

L'Asie

La Chine et ses voisins

Un milliard et demi de personnes vivent en Chine. La Mongolie voisine compte le plus petit nombre d'habitants par rapport à sa taille.

Une armée en terre cuite
Enterrée à Xian, cette armée de statues a été réalisée il y a 2000 ans pour garder la tombe de Qin Shi Huang, le premier empereur de Chine. Elle a été redécouverte en 1974.

L'opéra chinois
L'opéra chinois traditionnel mêle le théâtre, le chant, le ballet, la pantomime et l'acrobatie. Les maquillages permettent l'identification des personnages.

Connaissez-vous...

la montagne la plus haute du monde ? L'Everest, qui s'élève à 8850 m.

l'endroit le plus peuplé au monde ? Hong Kong, où l'on compte 6000 habitants au km .

le lieu le plus chaud de Chine ? Turpan, où l'on a enregistré jusqu'à 47 °C.

102 Quel est le second plus haut sommet du monde ?

Les paysages de la Terre

Les motifs sur le fond de la carte montrent quels types de paysages dominent dans les différentes régions du monde.

Forêt caduque
Une forêt dont les arbres perdent leurs feuilles en automne.

Prairie
Une zone de plaines plates et herbeuses avec peu d'arbres.

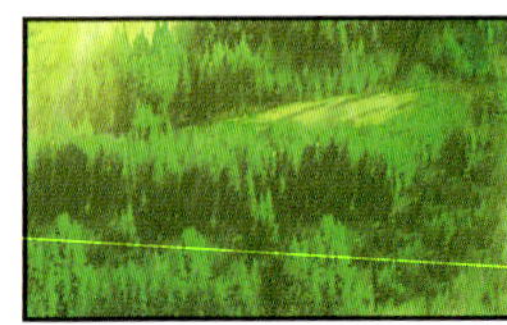

Forêt de conifères
Une forêt dont les arbres restent verts toute l'année.

Sur quelles cartes apparaissent uniquement les pays et leurs frontières ?

Les types de cartes

On utilise différents types de cartes selon ses besoins. Les cartes routières permettent aux automobilistes de trouver leur chemin ; les plans de ville aident les piétons à s'orienter.

expérience

Pour savoir pourquoi les cartes du monde ont un aspect étiré, épluche une orange et vois si tu peux obtenir un rectangle avec sa peau. Est-ce plus facile si tu la coupes en fines bandes ?

Les cartes routières montrent les routes qui relient les villes.

Ce plan du métro de Londres indique les lignes, les stations et les correspondances.

Un plan de ville représente les rues et les monuments.

Les **sphères** indiquent la position de la carte sur le globe. Le pays dont il est question apparaît en rouge.

Les **pastilles** permettent de découvrir certains sujets, comme la gastronomie ou la faune.

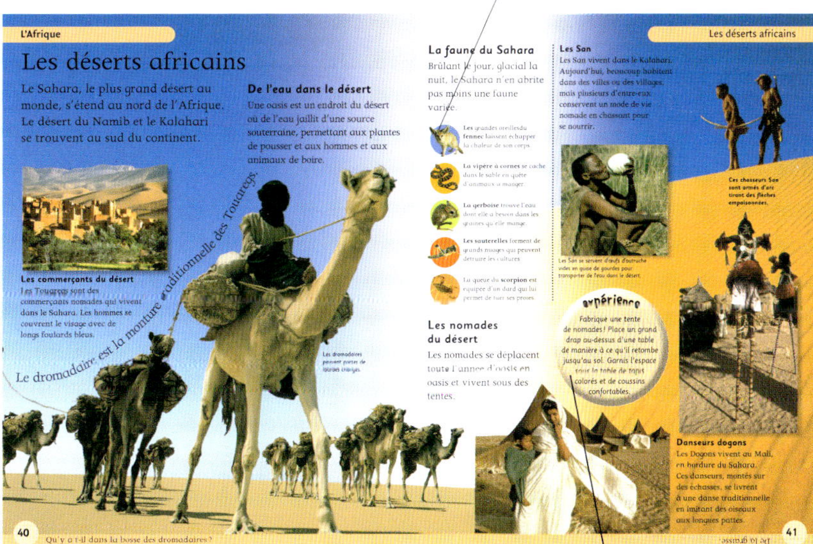

Les pages d'information

Après chaque carte, vous trouverez des pages d'information pleines de renseignements étonnants sur les pays présentés.

Les cercles **expérience** proposent de réaliser des projets qui aident à mieux comprendre les informations.

Désert
Une zone sèche de sable et de roche presque sans végétation.

Forêt tropicale
Une jungle de grands arbres et d'épais sous-bois.

Neige et glace
Sur les hautes montagnes et près des pôles.

Montagnes
Un terrain accidenté de hautes collines et de vallées, souvent enneigé.

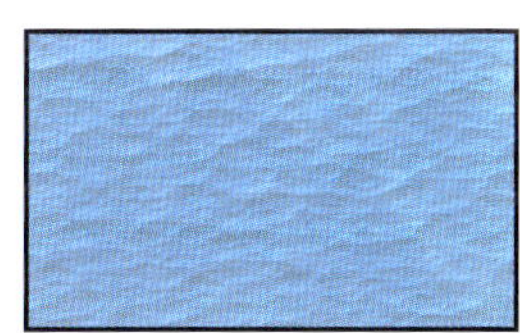

Océans
Mers et océans recouvrent les deux tiers de la Terre.

Sur les cartes politiques.

Les climats

Dans la région des pôles, il règne toujours un froid glacial alors que près de l'équateur, il pleut et il fait chaud toute l'année. Les pôles et l'équateur n'ont donc pas le même climat.

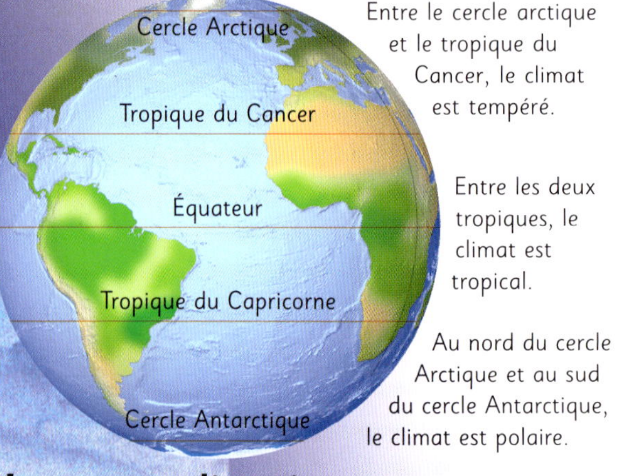

Entre le cercle arctique et le tropique du Cancer, le climat est tempéré.

Entre les deux tropiques, le climat est tropical.

Au nord du cercle Arctique et au sud du cercle Antarctique, le climat est polaire.

Les zones climatiques

Les cartes présentent des lignes horizontales qui divisent la Terre en zones climatiques. Les zones tropicales sont chaudes et humides, les zones polaires, toujours froides. Les zones tempérées sont un mélange des deux, avec des étés chauds et des hivers froids.

Manchots empereurs

Le climat polaire

L'Antarctique possède un climat polaire. Il y fait toujours très froid et il y souffle des vents violents. Les manchots combattent le froid grâce à leur épaisse couche de graisse et en se blottissant les uns contre les autres.

La forêt de conifères

Dans certaines régions des zones tempérées, les hivers sont longs et froids et les conifères sont les seuls arbres qui peuvent survivre.

Quel est l'autre nom de la savane ?

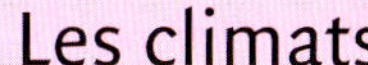

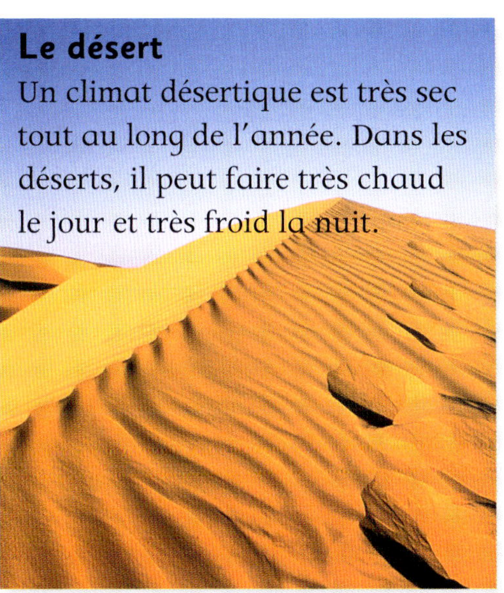

Le désert

Un climat désertique est très sec tout au long de l'année. Dans les déserts, il peut faire très chaud le jour et très froid la nuit.

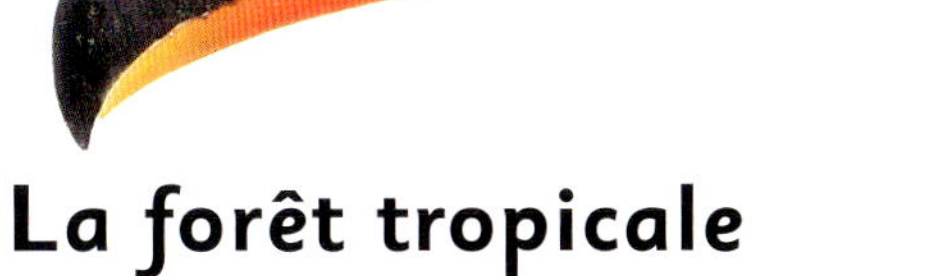

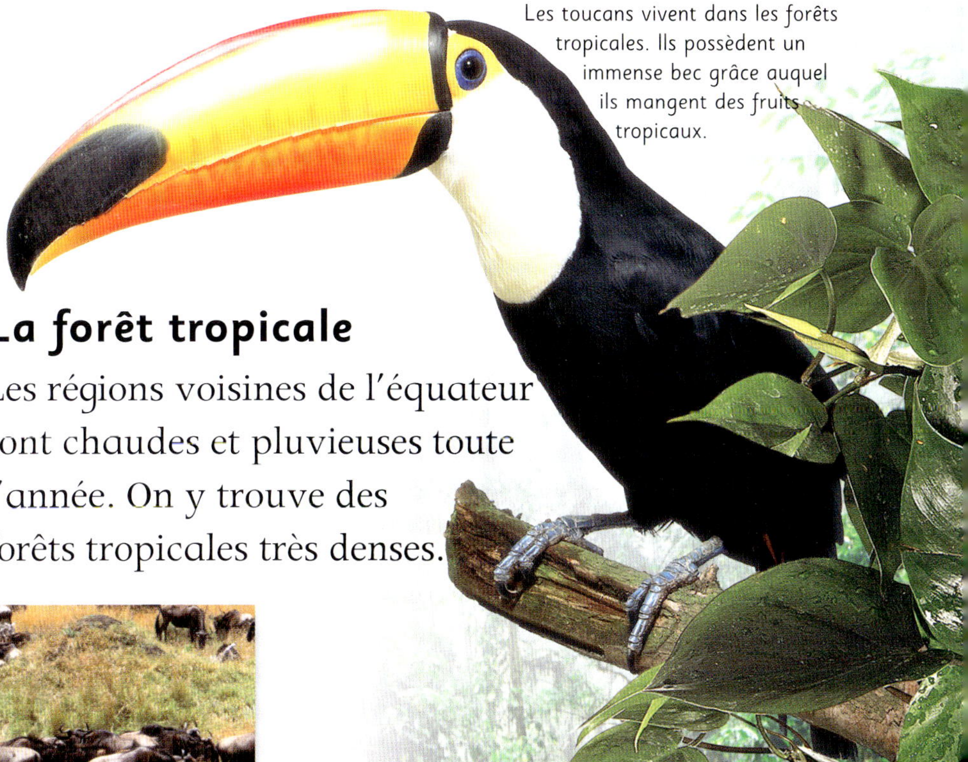

Les toucans vivent dans les forêts tropicales. Ils possèdent un immense bec grâce auquel ils mangent des fruits tropicaux.

La forêt tropicale

Les régions voisines de l'équateur sont chaudes et pluvieuses toute l'année. On y trouve des forêts tropicales très denses.

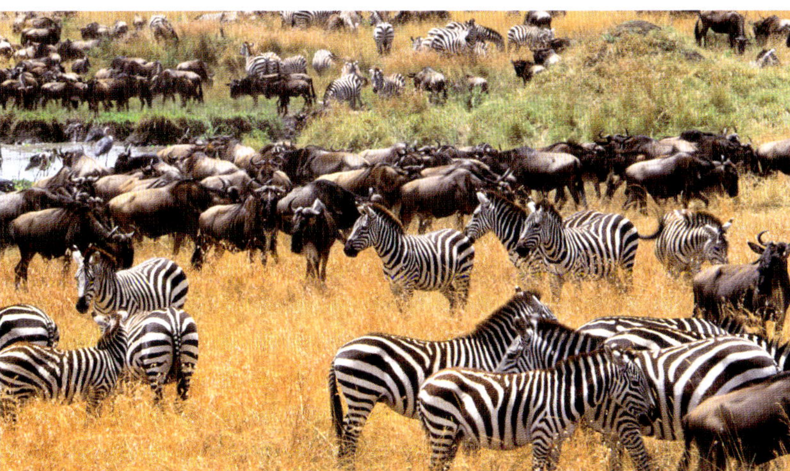

La prairie tropicale ou savane

Certaines régions tropicales connaissent chaque année une saison sèche et une saison des pluies. Il y a peu d'arbres et le sol est recouvert d'herbes.

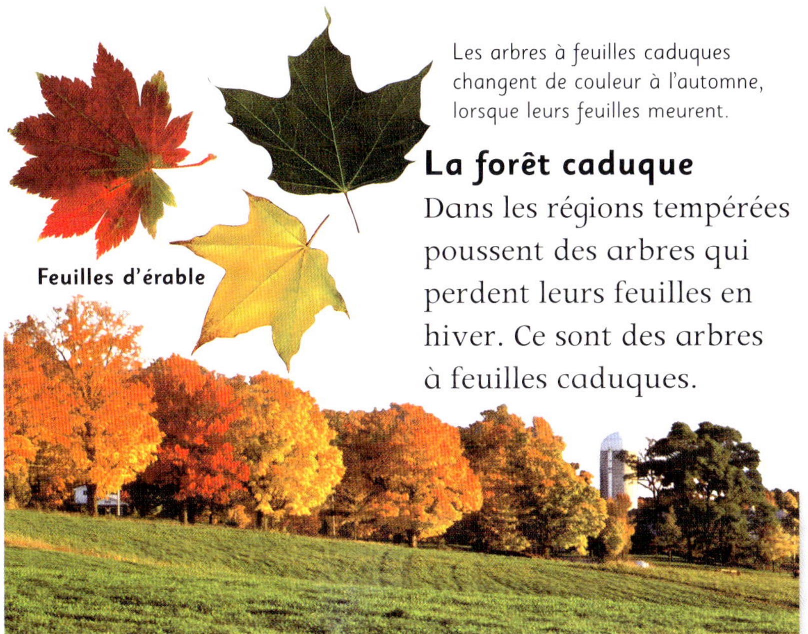

Feuilles d'érable

Les arbres à feuilles caduques changent de couleur à l'automne, lorsque leurs feuilles meurent.

La forêt caduque

Dans les régions tempérées poussent des arbres qui perdent leurs feuilles en hiver. Ce sont des arbres à feuilles caduques.

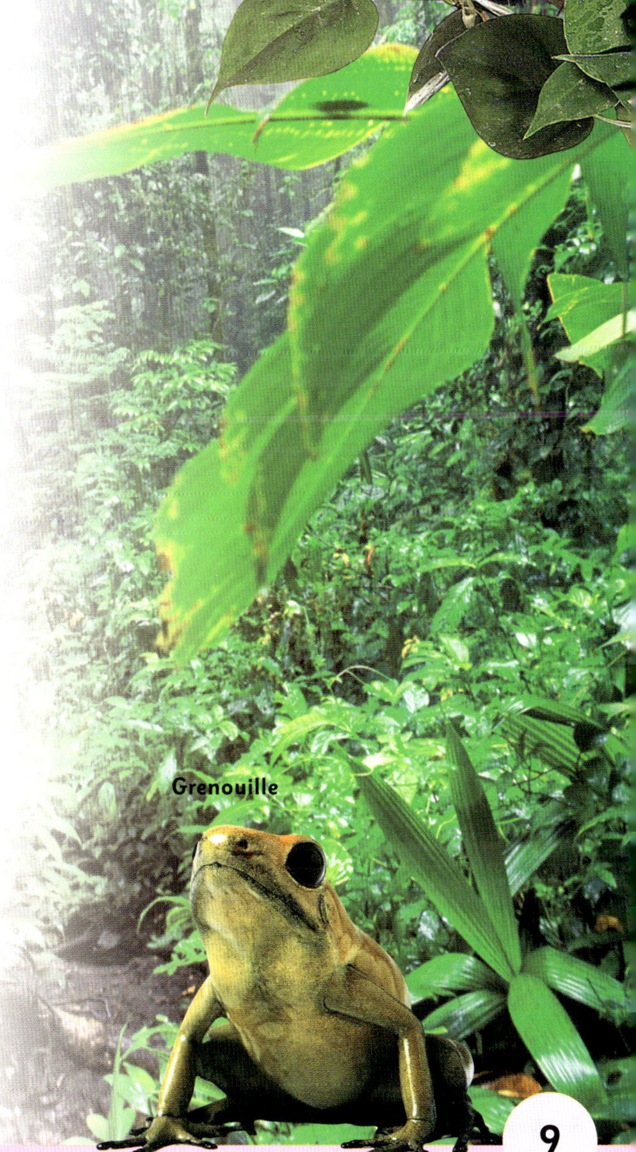

Grenouille

La prairie tropicale.

Les mers et les océans

Les mers et les océans, qui couvrent deux tiers de la surface du globe, regorgent de vie. La plupart des animaux marins, comme les coraux, vivent à proximité des côtes, mais la vie est aussi développée au grand large et tout au fond des eaux.

La plupart des animaux et des plantes vivent dans les eaux de surface éclairées, à proximité des côtes.

Plus profond, l'eau est froide et sombre.

Il n'y a pas de lumière dans les eaux profondes : il fait complètement noir.

Sous l'eau

Loin du rivage, le terrain tombe dans la mer de façon abrupte. Les fond marins sont constitués de plaines, de montagnes ou de vallées, comme sur terre.

Les vagues

Elles sont provoquées par le vent qui souffle sur l'eau. Lorsqu'elles atteignent des eaux peu profondes, elles se cassent et se transforment en brisants.

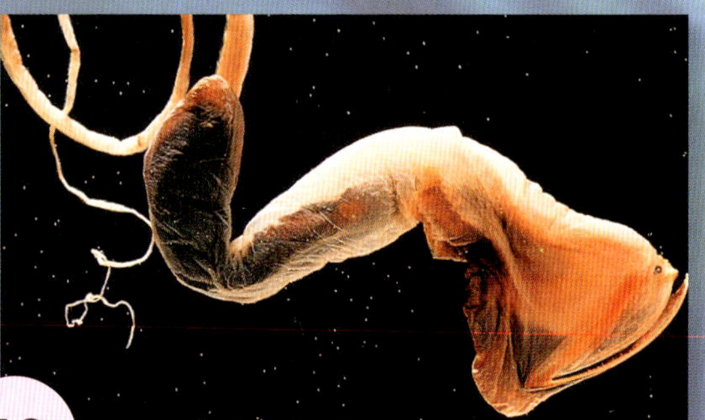

Les animaux des profondeurs

D'étranges créatures habitent dans les eaux les plus profondes. L'anguille à bouche de parapluie vit à 7 km de la surface et se nourrit des animaux qui tombent au fond de l'eau lorsqu'ils sont morts. Avec sa bouche gigantesque, elle peut avaler des animaux plus grands qu'elle.

Quelle est la fosse océanique la plus profonde du monde ?

Le grand large

La vie est plus rare au grand large que près des côtes. Les grands animaux, comme les dauphins, trouvent leur nourriture dans les bancs de poissons.

Les dauphins poussent parfois les poissons à se regrouper en bancs avant de les attaquer.

Forêts de varech

Une algue, le varech géant, pousse dans les fonds marins et forme d'épaisses forêts où vivent toutes sortes d'animaux.

Poissons-anges

La vie sur le littoral

Les animaux et les plantes qui vivent sur le rivage subissent l'action des vagues. Ils s'accrochent aux rochers ou trouvent refuge sous le sable.

Tentacule de concombre de mer (animal de la famille de l'étoile de mer).

Les récifs coralliens

Ils abritent des milliers de créatures marines différentes, dont de nombreux poissons colorés. Les récifs se forment lentement dans les eaux tropicales peu profondes ; ils sont constitués de squelettes de minuscules animaux, les coraux.

La fosse des Mariannes, dans l'océan Pacifique, qui atteint 11 km de profondeur.

L'Arctique

Le pôle Nord est situé à l'extrémité nord du monde, dans l'océan Arctique, sur une gigantesque calotte de glace flottante qui ne fond jamais complètement : la banquise. Au-delà, on trouve les parties les plus septentrionales des continents et une immense île, le Groenland.

Les habitants de l'Arctique

Les populations de la région vivent sur les terres gelées autour de l'océan Arctique. Le climat est trop froid pour l'agriculture et les gens tirent toute leur nourriture des animaux. Ils pêchent, possèdent des troupeaux de rennes, chassent des phoques et des baleines.

Quelle est la première personne à avoir atteint le pôle Nord ?

La sterne arctique attrape des poissons et des crevettes en descendant en piqué à la surface de l'eau.

D'un pôle à l'autre

La sterne arctique passe la plus grande partie de sa vie à voler. Elle pond ses œufs en Arctique pendant l'été septentrional puis vole avec ses petits jusqu'en Antarctique, où elle passe l'été austral.

Avoir chaud

Les animaux de l'Arctique doivent affronter des températures glaciales. Les morses possèdent une couche de graisse qui leur tient chaud. Les ours polaires et les rennes ont une épaisse fourrure.

Robert Peary, un explorateur américain, en 1909.

L'Arctique

Cette région magique est aussi un milieu glacial et dangereux. La vie y est très difficile pour ses habitants, hommes et animaux.

L'aurore boréale en Arctique

Le ciel nocturne peut se couvrir de couleurs chatoyantes : ce phénomène est dû à des particules de lumière venant de l'espace qui entrent dans l'atmosphère terrestre.

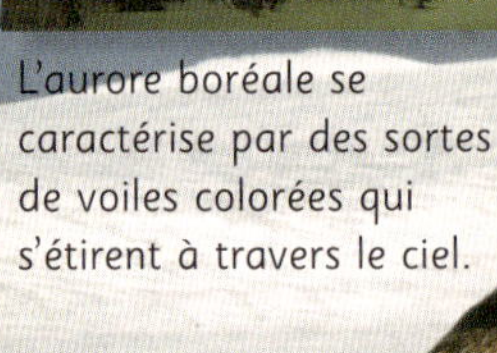

L'aurore boréale se caractérise par des sortes de voiles colorées qui s'étirent à travers le ciel.

Se déplacer

Les habitants de l'Arctique doivent se déplacer sur la neige, la glace et l'eau.

Les raquettes permettent de marcher dans la neige sans s'enfoncer.

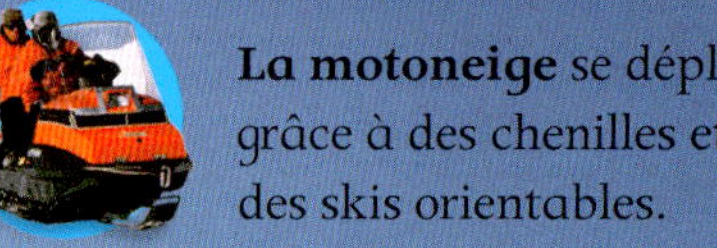

La motoneige se déplace grâce à des chenilles et des skis orientables.

Le kayak est un canoë en bois dont les Inuits se servent pour pêcher.

Le traîneau, tiré par des chiens, peut transporter des charges importantes.

Vêtements épais et capuche en fourrure protègent du froid le habitants de l'Arctique.

Les carabines servent à chasser, mais aussi à effrayer les ours polaires.

Les chasseurs Inuits

Les Inuits vivent au Canada et au Groenland. Ils se servent de fusils et de harpons pour chasser et pêcher.

Quelle est la spécificité de l'été en Arctique ?

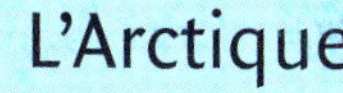

L'ours polaire

C'est l'ours le plus grand et le plus dangereux au monde. Il vit dans l'Arctique, il se nourrit surtout de phoques et de poissons, mais il peut parfois tuer des hommes.

Les igloos

Les Inuits vivent aujourd'hui dans des maisons modernes, dans de petites villes, mais lors de leurs longs déplacements pour la chasse, ils dorment dans des igloos, abris faits de blocs de glace.

Les brise-glace

En hiver, l'océan Arctique est pris par les glaces. Ces bateaux spéciaux permettent de dégager des passages.

Les huskies

Les habitants de l'Arctique utilisent ces chiens originaires de Sibérie pour tirer leurs traîneaux. Ce sont des animaux très endurants dont le pelage est plus épais que celui des autres chiens.

Le soleil ne se couche jamais complètement.

Le Canada et l'Alaska

Le Canada est le deuxième plus vaste pays au monde et l'Alaska est le deuxième État américain par la taille. Cependant, ces deux régions possèdent un petit nombre d'habitants car une grande partie de leur territoire est couverte d'épaisses forêts et gelée plusieurs mois dans l'année.

Caribou
Forage pétrolier
Prudhoe Bay
Détroit de Béring
Mer de Béring
Traîneau tiré par des chiens
Alaska (É.-U.)
Mont McKinley
Anchorage
Valdez
Morse
Otarie à fourrure
Saumon
Yukon
Whitehorse
Juneau
Monts Mackenzie
Territoires du Nord-Ouest
Yellowknife
Grand Lac de l'Ours
Île d'Ellesm
Îles de la Reine-Élisabet
Île de Banks
Île Victoria
Bœuf musqué
Orign
Policier canadi
Grizzly
Colombie-Britannique
Totem
Montagnes Rocheuses
Alberta
Edmonton
Bois
Île de Vancouver
Vancouver
Victoria
Calgary
Vue de Calgary
Océan Pacifique
ÉTATS-UNIS

Le pipeline Trans-Alaska

Un immense pipeline sous-terrain long de 1 270 km permet de transporter le pétrole extrait de la baie de Prudhoe jusqu'au port de Valdez.

Quelle est la montagne la plus haute d'Amérique du Nord (6 194 m) ?

Économie

Quelques-unes des principales activités de la région.

Le bois des nombreuses forêts est utilisé pour construire des maisons ou des meubles.

Le pétrole sert de combustible et entre dans la fabrication des matières plastiques.

Le blé est cultivé dans les immenses champs des prairies du centre du Canada.

Des métaux (zinc, aluminium, or, argent, etc.) sont extraits dans les mines au Canada.

Le Canada et l'Alaska

Le Canada et l'Alaska possèdent de magnifiques paysages et une nature préservée, mais les hivers y sont longs, sombres et très froids. La plupart des habitants de ces deux régions vivent au sud, où le climat est un peu plus doux.

Paysage d'Alaska

Les dix plus grands sommets des États-Unis, dont le mont McKinley, le plus haut, se trouvent en Alaska. Ces immenses montagnes sont entourées de forêts et de lacs.

La faune

Malgré la rudesse du climat, ces régions abritent de nombreuses espèces animales.

Les chiens husky tirent les traîneaux qui transportent passagers et matériaux.

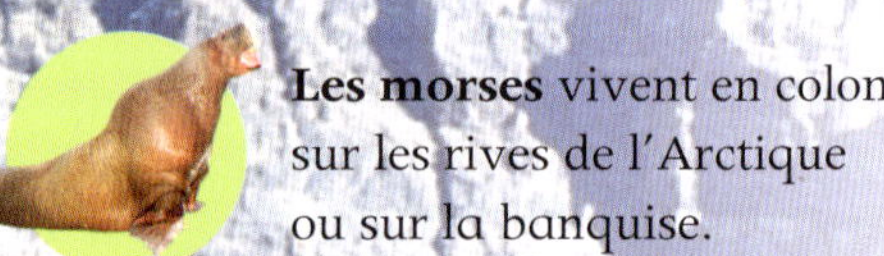

Les morses vivent en colonies sur les rives de l'Arctique ou sur la banquise.

Les orignals élisent domicile dans les forêts, non loin de lacs ou de marécages.

Les baleines franches entrent parfois en collision avec les navires.

Les phoques peuvent mesurer 2,10 m de long. Ils se nourrissent de poisson.

L'industrie du bois

Au Canada, surtout sur la côte Ouest, bien arrosée, on trouve des arbres de très grande taille. Les bûcherons les abattent, et le bois sert de matériau de construction pour les maisons ou pour les meubles.

Avec quoi peut-on sucrer les crêpes et les pancakes ?

Le hockey sur glace

Le froid de l'hiver permet aux Canadiens de pratiquer le hockey sur glace dans des patinoires en plein air ou sur des lacs gelés. Le hockey sur glace est le sport d'équipe le plus rapide.

Les Indiens

Les Kwakiutl et les Haida ont été parmi les premiers habitants de la côte Ouest du Canada. Ils sculptaient des totems pour évoquer leurs familles et leurs traditions.

Totem

Les Canadiens francophones

Beaucoup d'Européens qui sont venus au Canada à partir du XVIIe siècle étaient originaires de France. Aujourd'hui, la plupart des Canadiens parlant français vivent dans la province du Québec.

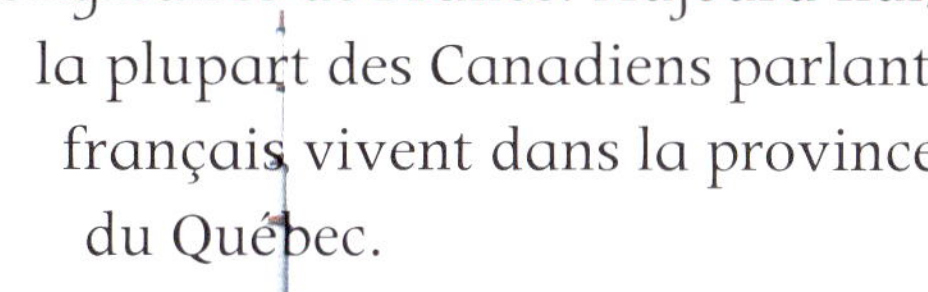

Le château Frontenac à Québec, au Canada

La tour CN, Toronto

C'est la tour la plus haute du monde (mais pas le plus grand bâtiment du monde). Sa hauteur est de 553 m. Des ascenseurs aux parois de verre permettent d'atteindre le niveau supérieur où se trouvent un restaurant panoramique et un impressionnant sol vitré.

Gourmandise

Le sirop d'érable est fabriqué à partir de la sève de l'érable. Il suffit de percer un trou dans l'écorce de l'arbre, de récolter le liquide qui s'écoule et de le faire bouillir jusqu'à ce qu'il épaississe.

Avec du sirop d'érable.

Les États-Unis

Les États-Unis sont un immense pays composé de 50 États. On y trouve des montagnes, des déserts, des forêts, des régions humides, des grandes plaines.

Haute technologie
Seattle
Olympia
Washington
Grizzly (ours brun)
Bison
Columbia
Salem
Helena
Montana
Oregon
Mont Rushm
Boise
Idaho
Montagnes Rocheuses
Ski dans les Rocheuses
Wyoming
Pont du Golden Gate
Grand Lac Salé
Carson City
Cougar
Cheyenne
Salt Lake City
Océan Pacifique
San Francisco
Nevada
Utah
Denver
Colorado
Moisso du blé
Californie
HOLLYWOOD
Collines d'Hollywood
Los Angeles
Vallée de la Mort
Monument Valley
Santa Fe
Grand géoco
Colorado
Arizona
Nouv.-Mexique
Désert de Sonora
Phoenix
Télescope de Socorro
Monstre de Gila
Rio Grande
N
O
E
S
Mexiqu

Hawaii

L'un des États américains est formé de huit îles volcaniques situées dans l'océan Pacifique. Il s'agit d'Hawaii.

Kauai
Niihau
Honolulu
Oahu
Molokai
Lanai
Maui
Hawaii

Le mont Kilauea, qui se trouve sur l'île principale, est le plus actif des volcans du monde.

Quel est l'État américain qui ne figure pas dans ces 2 pages ?

Cette carte montre 48 des 50 États américains. Les deux États manquants sont à des milliers de kilomètres : l'Alaska est situé au nord-ouest du Canada, et Hawaii se trouve au milieu de l'océan Pacifique.

L'Alaska (voir page 18).

Les États-Unis

Ce pays est le plus riche et le plus puissant au monde. Beaucoup de ses habitants vivent dans de grandes villes modernes, mais on trouve encore de vastes zones de nature sauvage.

La plage de Santa Monica, en Californie.

La côte pacifique

La côte sud-ouest des États-Unis possède un climat chaud et ensoleillé ainsi que de magnifiques plages. Les surfers viennent y chercher de grandes vagues, les amateurs de rollers patinent le long du front de mer.

Il faut grimper 354 marches pour atteindre la couronne de la statue.

New York

Avec plus de 8 millions d'habitants, New York est la plus grande ville du pays. La statue de la Liberté, haute de 92 m, domine le port. C'est le monument le plus célèbre de la cité.

Ces formations rocheuses

Quel est l'endroit le plus chaud des États-Unis ?

Hawaii

Les îles hawaiiennes sont le sommet de volcans situés dans le Pacifique. Le mont Kilauea entre régulièrement en éruption. La lave se déverse dans la mer et provoque de grands nuages de vapeur.

Le Mississippi

C'est le fleuve le plus long d'Amérique du Nord. De grandes barges y transportent des marchandises comme le pétrole, le charbon, l'acier. On voit ici le fleuve à Saint Louis, dans le Missouri.

Alligator américain

Marécages et alligators

Les Everglades, grandes étendues de marécages boisés, se situent en Floride. Les marécages abritent différents animaux sauvages : alligators, panthères, tortues...

Déserts et canyons

Le sud-ouest du pays a un climat chaud et sec. On y trouve de hautes formations rocheuses, des déserts avec leurs cactus et de profonds canyons.

expérience

Fabrique un drapeau américain comme celui-ci. Trace 7 bandes rouges sur une feuille de papier en laissant un coin blanc. Colorie le coin en bleu et colle-s-y 50 petites étoiles blanches, qui représentent les États.

sont les vestiges d'anciennes montagnes.

La vallée de la Mort, en Californie.

La vie aux États-Unis

La population des États-Unis est extrêment variée. La plupart de ses habitants sont les descendants de gens venus d'autres pays pour s'y installer.

Le Capitole, à Washington.

Le Capitole dans la capitale

Capitale du pays, Washington accueille le gouvernement américain. Les sénateurs et les membres du Congrès siègent au Capitole pour établir les lois.

Racines musicales

Le rock et le pop dérivent du jazz et du blues, musiques créées par les Noirs américains il y a une centaine d'années.

Le jazz est né à la Nouvelle-Orléans.

Independence Day

Les États-Unis sont devenus indépendants le 4 juillet 1776. Le 4 juillet est un jour férié baptisé *Independence Day* (Jour de l'Indépendance). Des fêtes et des défilés animent les rues dans tout le pays.

Défilé pour Independance Day

Où se trouve Hollywood ?

La cuisine américaine

Elle est aussi variée que les habitants du pays.

Les hamburgers sont faits avec de la viande de bœuf hachée.

Le clam chowder, soupe aux fruits de mer, est originaire de la Nouvelle-Angleterre.

La cuisine tex-mex mélangeles influences texanes et mexicaines.

Le gumbo, né en Louisiane, est une soupe épicée à base de viande et de fruits de mer.

Les Indiens d'Amérique

Les Indiens vivent en Amérique depuis des milliers d'années. Aujourd'hui, un Américain sur 100 est un Indien.

Ces fillettes portent le costume navajo traditionnel. Les Navajos vivent en Arizona et au Nouveau-Mexique.

Le football américain

C'est le sport le plus populaire du pays. Plus de 40 millions de spectateurs se retrouvent chaque année, dans d'immenses stades, pour assister aux matchs.

Football américain

Le rodéo

Dans les rodéos, les cow-boys montrent leurs talents de cavalier en se maintenant aussi longtemps que possible sur un cheval ou un taureau sauvages.

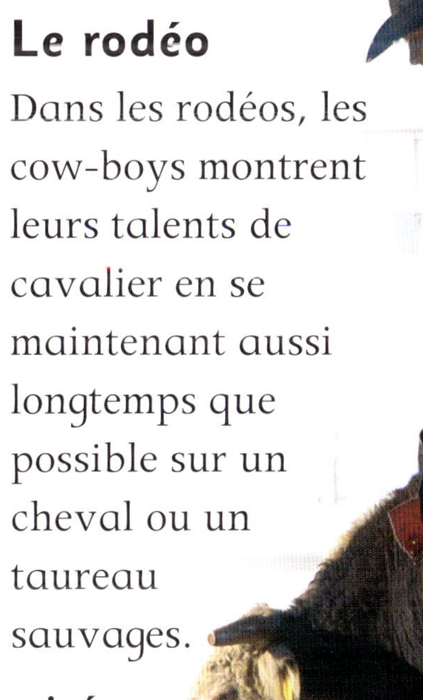

Cavalier de rodéo sur un taureau

© A.M.P.A.S.®

Les oscars sont les récompenses annuelles dans le domaine du cinéma.

L'industrie du cinéma

Les films américains sont vus par le monde entier. Hollywood est le centre de l'industrie cinématographique.

À Los Angeles, en Californie.

Désert de Sonora
Tijuana
Basse-Californie
Golfe de Californie
Figuiers de Barbarie
ÉTATS-UNIS
N
O
S
Bétail
Rio Grande
Tatou
Sierra Madre Occidentale
Sierra Madre Orientale
Monterrey
Golfe du Mexique
Cirio
Los Mochis
Papillons monarques
Atlante de Tula
La Paz
Pélican brun
Mariachi
Baleine grise
Agave
Mexique
Océan Pacifique
Guadalajara
MEXICO
Veracru
Cathédrale métropolitaine
Acapulco

Le Mexique et l'Amérique centrale

Le Mexique et l'Amérique centrale forment un pont entre les États-Unis et l'Amérique du Sud. Le nord du Mexique est une région désertique. Plus on va vers le sud, plus le climat est pluvieux et la végétation abondante, avec de luxuriantes forêts tropicales qui couvrent montagnes et volcans.

Le saviez-vous ?

Le café et les bananes sont les principales cultures du Costa Rica.

Le chocolat provient du Mexique. Il est fabriqué à partir des fèves du cacaoyer.

La canne à sucre est cultivée en Amérique centrale et aux Antilles.

Comment les singes-araignées utilisent-ils leur queue ?

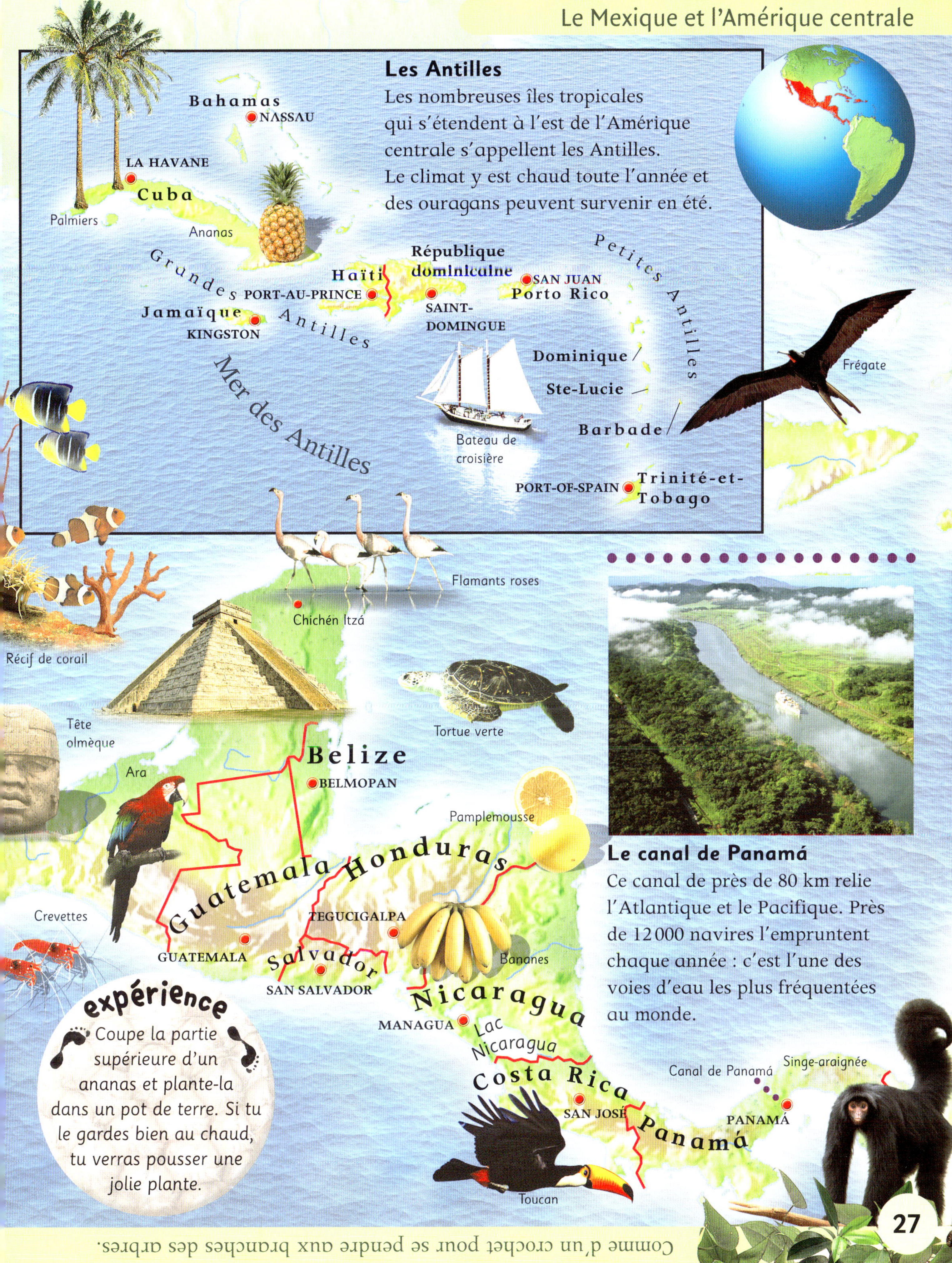

Les Antilles

Les nombreuses îles tropicales qui s'étendent à l'est de l'Amérique centrale s'appellent les Antilles. Le climat y est chaud toute l'année et des ouragans peuvent survenir en été.

Le canal de Panamá

Ce canal de près de 80 km relie l'Atlantique et le Pacifique. Près de 12 000 navires l'empruntent chaque année : c'est l'une des voies d'eau les plus fréquentées au monde.

expérience

Coupe la partie supérieure d'un ananas et plante-la dans un pot de terre. Si tu le gardes bien au chaud, tu verras pousser une jolie plante.

Comme d'un crochet pour se pendre aux branches des arbres.

Le Mexique et l'Amérique centrale

Mexique et Amérique centrale offrent un mélange de villes animées, de ruines anciennes et de jungles luxuriantes. La plupart des habitants parlent l'espagnol.

Les Aztèques et les Mayas

Il y a plusieurs centaines d'années, les Aztèques et les Mayas ont construit dans la jungle de magnifiques cités dont on peut voir aujourd'hui les ruines.

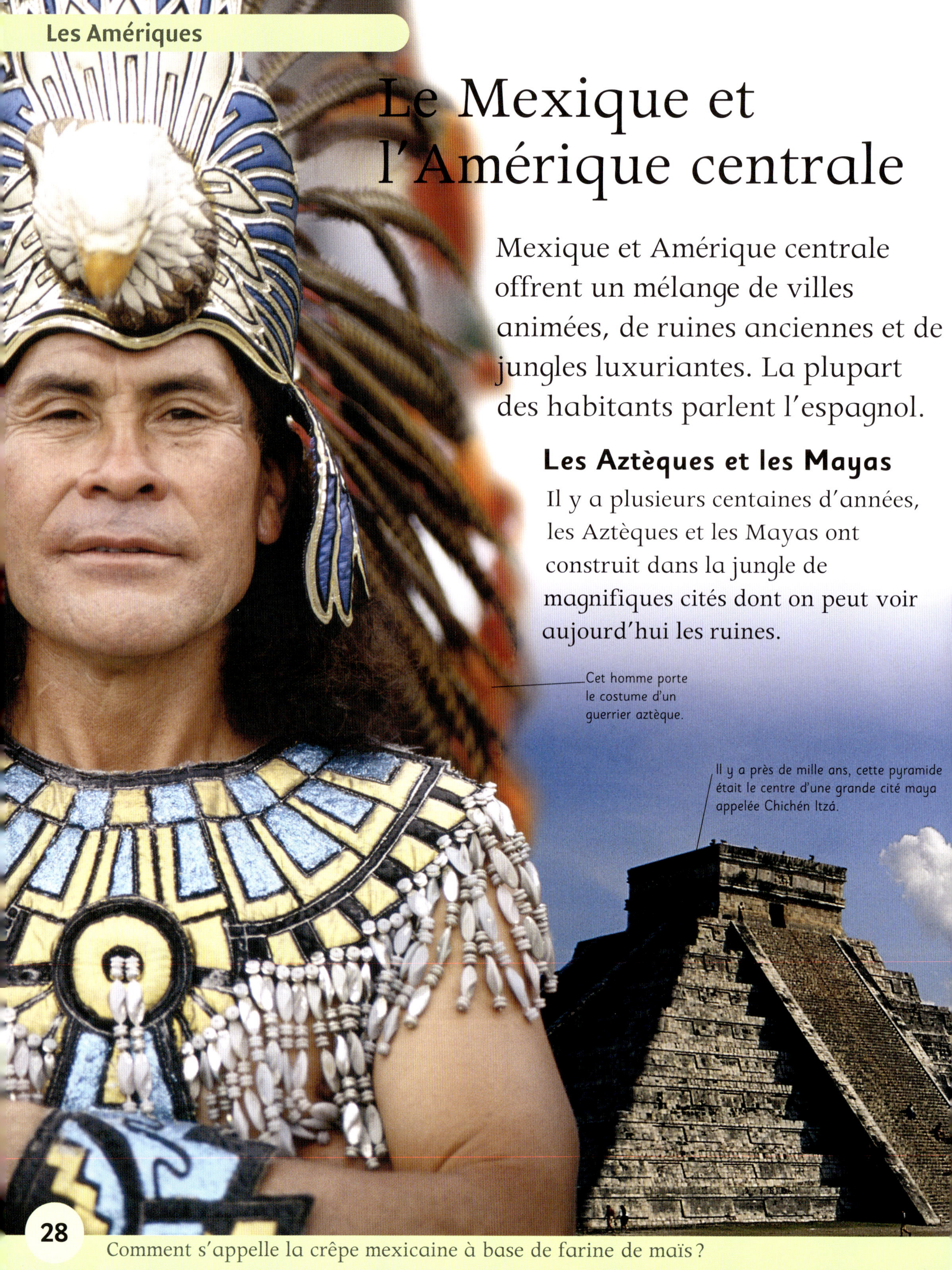

Cet homme porte le costume d'un guerrier aztèque.

Il y a près de mille ans, cette pyramide était le centre d'une grande cité maya appelée Chichén Itzá.

Comment s'appelle la crêpe mexicaine à base de farine de maïs ?

Mexico
Bâtie sur les ruines d'une ancienne cité aztèque, la capitale du Mexique (20 millions d'hab.) est aujourd'hui l'une des plus grandes villes du monde.

L'agriculture

Grâce au climat chaud et humide, on fait pousser beaucoup d'espèces tropicales telles la banane, le pamplemousse, l'avocat ou le poivron. Les fermiers vendent leurs récoltes sur des marchés animés.

Tacos et tortillas
Les Mexicains aiment la cuisine épicée et utilisent beaucoup le piment. On voit ici des tacos, sortes de crêpes de maïs frites (les tortillas) garnies de viande et de légumes.

Des îles paradisiaques

Les îles ensoleillées des Antilles attirent de nombreux touristes. Ils viennent profiter de magnifiques plages de sable et d'une mer bleue et chaude pratiquement toute l'année.

expérience

Coupe une belle tranche de pain de mie et aplatit-la avec un rouleau à pâtisserie après avoir retiré la croûte. Ajoute ta garniture préférée et replie le pain en rouleau : tu as fait une enchilada.

La tortilla.

L'Amérique du Sud

Une chaîne montagneuse s'étend du Nord au Sud de ce continent. Dans sa partie ouest se trouve le désert le plus aride de la Terre, et à l'est, la plus grande forêt tropicale.

En suivant l'équateur

L'équateur est une ligne imaginaire qui fait le tour de la Terre en son milieu. Il faudrait un mois pour la suivre à pied dans sa portion sud-américaine.

Quelle est la montagne la plus haute des Andes ?

Le cap Horn

La pointe sud de l'Amérique du Sud s'appelle le cap Horn. La mer y est extrêmement agitée et des centaines de navires ont fait naufrage à cet endroit.

Connaissez-vous...

la capitale la plus haute au monde ? La Paz, en Bolivie, qui se trouve à 3632 m au-dessus du niveau de la mer.

les chutes d'eau les plus hautes au monde ? Les chutes de l'Ange, au Venezuela : 979 m de haut en bas.

la ville la plus aride au monde ? Arica, dans le désert d'Atacama, au Chili, où il ne pleut jamais !

L'Aconcagua, 6 960 m d'altitude.

L'Amérique du Sud

Un tiers de l'Amérique du Sud est couvert par une immense jungle appelée Amazonie. Au sud et à l'est de cette forêt tropicale s'étendent des terres fertiles, de gigantesques ranchs et les plus grandes villes du continent sud-américain.

Ara macao

Vivre dans la forêt

La jungle amazonienne est habitée par des Indiens depuis des milliers d'années. Ils vivent de la chasse et de la cueillette, en préservant leur environnement.

Un village Yanomami dans la forêt amazonienne.

Des animaux mortels

La forêt amazonienne abrite toutes sortes de créatures dangereuses.

Les Indiens fabriquent des flèches empoisonnées avec des **dendrobates** venimeux.

Le jaguar est un félin très discret. Il sait très bien nager et grimper aux arbres.

Avec leurs dents acérées, les **piranhas** sont de redoutables poissons.

Le boa constrictor tue ses proies en les étouffant.

Les gauchos

Les gauchos argentins sont les cousins des cow-boys américains. Ils parcourent les prairies de la pampa pour surveiller le bétail et les chevaux.

Canoé sur l'Amazone

Quelle est la langue parlée par la plupart des Brésiliens ?

Des chutes spectaculaires

Les chutes de l'Ange, au Venezuela, sont les chutes les plus hautes du monde. L'eau dégringole depuis une montagne au sommet plat sur 980 m, soit trois fois la hauteur de l'Empire State Building à New York !

La grenadille pousse sur des lianes.

Des fruits tropicaux

La grenadille (fruit de la Passion) est l'un des nombreux fruits exotiques qui poussent en Amérique du Sud.

Rio de Janeiro

La deuxième ville du Brésil est dominée par une immense statue du Christ. Dans la baie se dresse le Pain de Sucre, montagne en forme de dôme.

Le carnaval

Chaque année, en février, Rio accueille pendant quatre jours un carnaval très animé.
Les participants portent des costumes colorés et dansent dans les rues de la ville en chantant.

Le portugais.

La vie dans les Andes

Les Andes, la plus longue chaîne de montagnes au monde, s'étirent sur toute la longueur de l'Amérique du Sud. Habitants et animaux de la région vivent dans un climat froid, avec peu d'oxygène.

Le condor

Le condor des Andes est un imposant oiseau de proie. Ses ailes déployées mesurent 3 m de bout en bout.

Le Machu Picchu

On découvre les ruines de cette ancienne cité en altitude dans les Andes, au Pérou. La ville a été construite il y a près de 500 ans par les Incas.

Le lama

Cet animal est très utile aux habitants des Andes. Ils utilisent sa laine épaisse, son lait et sa viande, et s'en servent pour transporter des charges.

Quelle est la ville au monde située le plus au sud ?

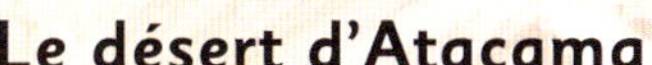

Le désert d'Atacama

Le plus grand désert d'Amérique du Sud est aussi l'endroit le plus sec de la Terre : il n'y pleut quasiment jamais.

Valparaiso

Valparaiso, port principal du Chili, s'étend entre les montagnes et le Pacifique.

expérience

Fabrique une flûte de pan en collant avec du ruban adhésif dix pailles posées côte à côte. Coupe ensuite le bas des pailles en angle droit. Il ne te reste plus qu'à souffler pour jouer de la musique andine !

Les habitants des montagnes

Une grande partie des habitants des Andes sont des Indiens d'Amérique du Sud. Ils sont établis dans la région depuis plusieurs centaines d'années.

Les flûtes de pan

Instrument traditionnel des Andes, les flûtes de pan sont fabriquées avec des tuyaux de roseau ou de bambou.

Indiens de Cuzco, au Pérou, dans leurs habits traditionnels aux vives couleurs.

Naviguer en altitude

Situé à 3 800 m d'altitude, le lac Titicaca est le plan d'eau navigable le plus haut du monde. Les habitants de la région y pêchent depuis des embarcations en roseau.

Punta Arenas, au Chili.

L'Afrique

L'Afrique est un continent au climat très chaud. Au nord et au sud s'étendent des déserts ; entre les zones désertiques, il y a des forêts tropicales, des prairies et des marécages pleins d'animaux.

Quelle est la longueur de l'Afrique du nord au sud ?

Connaissez-vous…

le point le plus haut d'Afrique ?
Le Kilimandjaro, 5 895 m, qui se trouve en Tanzanie.

l'une des dunes de sable les plus élevées au monde ?
L'erg Tiferine, dans le Sahara (400 m).

l'endroit le plus chaud de la Terre ?
Al-Aziziyah, en Libye, où la température atteint 58 °C.

Le canal de Suez

Cette voie d'eau percée au XIXe siècle relie la mer Rouge et la Méditerranée. C'est un raccourci pour les navires qui transportent marchandises et pétrole entre l'Europe et l'Asie.

Madagascar

Dans cette île, on trouve des petits mammifères qui vivent dans les arbres : les lémuriens. Leur tête évoque celle d'un chat, leur corps, celui d'un singe.

La faune de la savane

Une grande partie de l'Afrique est couverte de prairies appelées savanes. On y trouve de grands troupeaux d'herbivores, mais aussi des lions, des hyènes, des guépards.

Environ 8 000 km.

La vie en Afrique

L'Afrique compte environ 50 pays et des centaines de peuples qui parlent plus de mille langues différentes. Même s'il existe de grandes villes, la plupart des Africains sont des agriculteurs et vivent en zone rurale.

Villageois transportant de l'eau au Ghana

Les moustiques transmettent le paludisme.

Deux problèmes graves : l'eau et les maladies tropicales

Beaucoup d'Africains doivent marcher chaque jour plusieurs heures pour avoir de l'eau potable. Des maladies graves comme le paludisme sont répandues.

Les Massaïs portent souvent du rouge pour effrayer les lions.

Les colliers massaïs

Les Massaïs, qui vivent à l'est de l'Afrique, conservent un mode de vie traditionnel et font paître leurs troupeaux de vaches dans la savane. Les femmes portent des colliers de perles colorées pour montrer leur richesse.

Quel est le plus grand continent du monde?

Vivre en ville

Un Africain sur 5 vit dans une grande ville, comme Le Cap. Les populations émigrent vers les villes espérant trouver du travail et une vie meilleure.

Percussionnistes du Ghana

Musique et danse

Les Africains aiment la musique et la danse. Ces musiciens du Ghana, en Afrique de l'Ouest, jouent sur des tambours fabriqués avec des peaux d'animaux.

Les safaris-photo au secours des animaux

L'argent des touristes aide à protéger les animaux les plus menacés, comme les rhinocéros.

La vie en forêt

Certains habitants des forêts tropicales trouvent leur nourriture dans la nature.
Ils se déplacent en chassant et en cueillant des fruits.

D'immenses troupeaux d'herbivores parcourent la savane.

L'Asie. L'Afrique arrive en deuxième position.

Les déserts africains

Le Sahara, le plus grand désert au monde, s'étend au nord de l'Afrique. Le désert du Namib et le Kalahari se trouvent au sud du continent.

De l'eau dans le désert

Une oasis est un endroit du désert où de l'eau jaillit d'une source souterraine, permettant aux plantes de pousser et aux hommes et aux animaux de boire.

Les commerçants du désert
Les Touaregs sont des commerçants nomades qui vivent dans le Sahara. Les hommes se couvrent le visage avec de longs foulards bleus.

Le dromadaire est la monture traditionnelle des Touaregs.

Les dromadaires peuvent porter de lourdes charges.

Qu'y a t-il dans la bosse des dromadaires ?

La faune du Sahara

Brûlant le jour, glacial la nuit, le Sahara n'en abrite pas moins une faune variée.

Les grandes oreillesdu **fennec** laissent échapper la chaleur de son corps.

La vipère à cornes se cache dans le sable en quête d'animaux à manger.

La gerboise trouve l'eau dont elle a besoin dans les graines qu'elle mange.

Les sauterelles forment de grands nuages qui peuvent détruire les cultures.

La queue du **scorpion** est équipée d'un dard qui lui permet de tuer ses proies.

Les nomades du désert

Les nomades se déplacent toute l'année d'oasis en oasis et vivent sous des tentes.

Les San

Les San vivent dans le Kalahari. Aujourd'hui, beaucoup habitent dans des villes ou des villages, mais plusieurs d'entre-eux conservent un mode de vie nomade en chassant pour se nourrir.

Les San se servent d'œufs d'autruche vides en guise de gourdes pour transporter de l'eau dans le désert.

Ces chasseurs San sont armés d'arc tirant des flèches empoisonnées.

expérience

Fabrique une tente de nomades ! Place un grand drap au-dessus d'une table de manière à ce qu'il retombe jusqu'au sol. Garnis l'espace sous la table de tapis colorés et de coussins confortables.

Danseurs dogons

Les Dogons vivent au Mali, en bordure du Sahara. Ces danseurs, montés sur des échasses, se livrent à une danse traditionnelle en imitant des oiseaux aux longues pattes.

De la graisse.

Le Nil

La vie au nord-est de l'Afrique serait impossible sans le Nil, le plus long fleuve du monde, qui traverse le Sahara, fournit l'eau nécessaire aux cultures et aux habitants et constitue une voie de navigation pour les bateaux.

Le lac Victoria est la principale source du Nil.

Le cours du Nil

Le Nil naît en Ouganda et s'écoule sur 6 700 km vers le nord, en traversant le Soudan et l'Égypte.

Assouan, Égypte

Deux barrages ont été construits à Assouan pour créer des réservoirs d'eau et produire de l'électricité.

Naviguer sur le Nil

Les Égyptiens naviguent sur le Nil à bord de bateaux en bois appelés felouques. Comme il ne pleut que rarement, l'équipage peut dormir sur le pont.

Abou Simbel

Cet ensemble de temples a été bâti par les Égyptiens il y a 3250 ans. Lors de la construction du barrage d'Assouan, les monuments ont été déplacés pierre par pierre.

Qui est enterré dans la plus grande pyramide d'Égypte ?

Le Caire

La capitale de l'Égypte est la plus grande ville d'Afrique. On y compte environ 10 millions d'habitants.

Le delta du Nil vu de l'espace

Le delta du Nil

L'embouchure du fleuve est chargée de limons qui forment une zone boueuse appelée delta. C'est un endroit particulièrement fertile.

L'agriculture

Quelques produits agricoles des rives du Nil.

Le blé sert à produire de la farine avec laquelle on fabrique ensuite du pain.

Les dattes sont des fruits délicieux et très nourrissants.

Avec les fibres des **graines de coton**, on fait du fil et des tissus.

Les pyramides

À Gizeh, près du Caire, se dressent d'immenses pyramides. Elles ont été construites il y a plusieurs milliers d'années pour servir de sépultures aux rois, appelés pharaons.

Le sphinx a le corps d'un lion et la tête d'un homme.

Des ânes tirent les charrettes des fermiers.

Travaux des champs

Les fermiers irriguent leurs champs grâce aux eaux du Nil. Sur chaque rive du fleuve, il y a une étroite bande de terre cultivée. Le Sahara s'étend au-delà des cultures.

Le pharaon Kheops.

La Scandinavie

La Scandinavie est la région située le plus au nord de l'Europe. Couverte d'épaisses forêts de sapins et de montagnes enneigées, elle possède des côtes découpées.

L'Islande

Cette île volcanique se trouve au nord de l'Atlantique Nord. On y trouve des centaines de sources chaudes et de geysers.

Quels guerriers originaires de Scandinavie ont mené des raids en Europe entre 800 et 1050?

Les îles Féroé

Ces îles qui appartiennent au Danemark se situent à mi-chemin entre l'Islande et l'Écosse.

Le pont sur l'Øresund

Ce pont relie Copenhague, au Danemark, à Malmö, en Suède. Il se compose de trois parties : un tunnel souterrain, une île artificielle, un pont sur la mer. Le tout mesure 16 km de long.

La Scandinavie

Les Scandinaves bénéficient d'une nature magnifique et d'un niveau de vie élevé, mais ils doivent affronter des hivers longs, sombres et glaciaux.

Saut à ski

Une grande partie de la Scandinavie est couverte de forêts de sapins.

Les sports d'hiver

Les sports d'hiver sont très populaires en Scandinavie, et de nombreux champions de ski viennent de cette région.

Les maisons de Legoland sont bâties avec des Lego.

Legoland

Le parc Legoland, au Danemark, a été construit avec 50 millions de briques Lego™. Ces jouets ont été inventés en 1949.

Les drakkars

Les Vikings vivaient en Scandinavie il y a plus de mille ans. Ils menaient des expéditions vers d'autres pays à bord de longs navires : les drakkars.

L'industrie du bois

Dans la région, on exploite le bois de millions d'arbre. Le matériau sert à construire des maisons et des meubles, et à fabriquer du papier.

Comment s'appelle la pièce où l'on prend des bains de vapeur ?

La faune

Les animaux qui vivent en Scandinavie sont bien adaptés au froid.

Le renard arctique possède une épaisse fourrure blanche.

Le lynx est un félin qui vit dans les forêts de Norvège et de Suède.

Le puffin est un petit oiseau marin. Il plonge dans l'eau pour pêcher des poissons.

L'élan est un grand cerf. Ses immenses cornes peuvent atteindre 2 m de largeur.

Chaleur naturelle
En Islande, on trouve de nombreux volcans, geysers et sources chaudes, comme celles qui alimentent ce lac.

Les fjords norvégiens

Les côtes de la Norvège sont entaillées de centaines de vallées étroites, les fjords. Les navires peuvent y trouver refuge en cas de tempête.

La Laponie

Cette région se trouve au nord de la Scandinavie. Ses habitants sont appelés Lapons ou Samis. Certains possèdent de grands troupeaux de rennes dont ils exploitent la viande et le lait.

Le sauna.

La Grande-Bretagne et l'Irlande

La Grande-Bretagne comprend l'Angleterre, l'Écosse, le pays de Galles et l'Irlande du Nord. L'Irlande est un pays indépendant.

La famille royale

L'Angleterre et l'Écosse ont eu des familles royales différentes jusqu'en 1603, date à laquelle ces pays furent unifiés pour former le Royaume-Uni. La reine Élisabeth II est l'actuel chef de l'État.

Quelle est la résidence officielle de la reine à Londres ?

Eden Project, Cornouailles
Ces immenses serres abritent des plantes des quatre coins du monde. Les visiteurs apprennent à quel point la préservation de la nature est importante pour l'avenir de la planète.

Le palais de Buckingham.

La Grande-Bretagne et l'Irlande

Les îles britanniques sont célèbres pour leur histoire, leurs traditions, leur campagne verdoyante et… leur temps pluvieux.

Le London Eye

À Londres, capitale du Royaume-Uni, on peut monter sur le London Eye, une immense grande-roue, d'où l'on a de superbes points de vue sur la ville.

Les passagers du London Eye embarquent à bord de capsules en verre.

Fish and chips

La cuisine britannique a beaucoup évolué, mais le traditionnel poisson frit accompagné de frites demeure très populaire.

Une résidence royale

Le château de Windsor, près de Londres, est l'une des résidences de la reine. Cette immense demeure de plus de mille pièces (certaines sont ouvertes aux visiteurs) est le plus grand château occupé au monde.

Les grenadiers de la garde portent un grand bonnet fait en peau d'ours brun du Canada.

Les beefeaters (mangeurs de bœuf) constituent la garde privée de la reine.

Quel village gallois possède le nom le plus long d'Europe ?

Sortie au pub

La plupart des villes et des villages comptent au moins un pub, bar où l'on se détend et où l'on retrouve ses amis. Dans les pubs irlandais, on sert une bière renommée, la Guinness, noire comme de l'encre et très mousseuse.

Pinte de Guinness

Les sports

Nés en Grande-Bretagne, ils sont aujourd'hui pratiqués partout dans le monde.

On joue au **cricket** en été. Certains matchs peuvent durer cinq jours.

Le **football** est le sport le plus populaire au monde. Il oppose 2 équipes de 11 joueurs.

Le **rugby**, se joue à la main avec un ballon ovale entre 2 équipes de 15 joueurs.

En Écosse, les lacs sont appelés lochs.

Une côte rocheuse

La côte nord de l'Irlande du Nord est ponctuée de falaises abruptes et de curieuses formations rocheuses. Le Carrick-a-rede Rope Bridge est un pont suspendu qui mène à une petite île.

Football et rugby

Les matchs de football et de rugby attirent chaque semaine dans les stades un public nombreux.

Vache des Highlands

Les Highlands

Au nord de l'Écosse s'étend l'une des régions les plus tranquilles du Royaume-Uni, avec ses grands paysages vallonnées et ses nombreux lacs. On n'y rencontre que des fermiers et des randonneurs.

Llanfairpwllgwyngyllgogerychwyrndrobwllllantysiliogogogoch.

Le Benelux

La Belgique, les Pays-Bas et le Luxembourg sont des pays sans grand relief. Ils forment le Benelux, mot composé avec les premières lettres de leur nom : BElgique, NEderland, LUXembourg.

Quelle est la capitale des Pays-Bas ?

Le saviez-vous ?

Bruxelles est la capitale de l'Europe. C'est là que se trouve le centre politique de l'Union européenne.

Sur la côte des Pays-Bas, **900 moulins à vent** contribuent au drainage du sol.

Les sabots en bois ont été inventés par des ouvriers agricoles hollandais il y a 600 ans.

Amsterdam

Les hautes maisons aux façades étroites qui bordent les canaux d'Amsterdam ont été construites par des marchands fortunés il y a plusieurs centaines d'années.

Amsterdam.

Le Benelux

Une vaste portion des Pays-Bas se trouvait autrefois sous le niveau de la mer, mais les Hollandais ont réussi à transformer le littoral peu profond en terres cultivables.

Amsterdam

On appelle parfois cette ville la « Venise du Nord » car elle est traversée par de nombreux canaux bordés de belles demeures. On circule beaucoup à vélo à Amsterdam.

Les Hollandais fabriquent chaque année trois millions de paires de sabots en bois. Les agriculteurs portaient autrefois des sabots pour travailler dans les champs bourbeux.

Le marché aux fromages

Le vendredi, les producteurs de fromage se rendent au marché traditionnel d'Alkmaar. Ils vendent de grandes roues de fromage, dont l'édam, enveloppé dans une croûte de cire rouge, et le gouda.

expérience

Fabrique un moulin à vent : découpe dans du papier une croix de 10 cm. Replie légèrement chaque bras dans le même sens. Plante un crayon au centre et souffle à l'arrière pour la faire tourner.

Quelle proportion des Pays-Bas a été conquise sur la mer ?

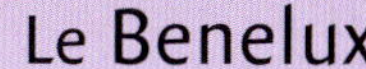

Le château médiéval de Vianden, au Luxembourg

Un « maître » hollandais

Vincent van Gogh (1853-1890) était un peintre surdoué qui n'a pas connu le succès de son vivant. Il a peint cet autoportrait en 1889.

Le Luxembourg

C'est un pays minuscule mais très riche. On y découvre de magnifiques paysages et d'impressionnants châteaux. Ses habitants parlent le luxembourgeois.

Les moulins à vent

Autrefois, les Hollandais se servaient des moulins à vent pour pomper l'eau des terres les plus basses. Aujourd'hui, ils utilisent des pompes électriques.

L'Atomium

Cet étrange édifice qui se trouve à Bruxelles représente neuf atomes de fer agrandis 165 milliards de fois. On peut accéder à l'intérieur de six atomes, reliés par des escaliers mécaniques.

Environ un tiers.

La France

La France est le plus grand pays d'Europe occidentale. Sa capitale est Paris ; c'est là que se trouve la tour Eiffel. Le pays est réputé pour ses belles campagnes, ses jolis petits villages et ses merveilleux châteaux.

N
O
E
S

Manche

Femme bretonne

Mont Saint-Michel

Tapisseri de Baye

Rennes

Circuit autom

Le Mar

Menhirs (Carnac)

Maquereaux

Océan Atlantique

Élevage de bovins

Cogna

Le mont Saint-Michel

L'île du mont Saint-Michel, sur la côte nord de la France, est dominée par une grande abbaye. On peut y accéder à pied à marée basse.

Vin

Bordeaux

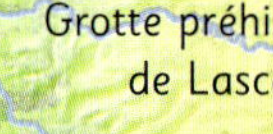

Grotte préhist de Lascau

Biarritz

Industrie aéronautique

Toul

Pyrénées

Où peut-on voir des flamants roses et des chevaux sauvages en France ?

La Corse

Cette île française de la Méditerranée est voisine de l'Italie. Elle possède des côtes rocheuses et compte de nombreuses plages.

La France

Les parfums, le pain, les escargots, le vin, le TGV : voici quelques-uns des produits qui font la renommée de la France. Chaque année, Paris, la ville la plus visitée au monde, accueille des millions de touristes.

Les cafés
Les Français apprécient beaucoup les cafés. Cette terrasse se trouve sur l'avenue des Champs-Élysées, à Paris.

Un monument célèbre

La tour Eiffel est sans doute le monument français le plus connu. Bâtie en 1889, elle mesure 300 m de hauteur. On accède aux étages grâce à deux ascenseurs.

Les visiteurs peuvent monter au premier et au deuxième étage.

expérience

Les champs de tournesol font partie du paysage français. Fais pousser un tournesol en plantant une graine dans un pot de terre au printemps. Arrose une fois par semaine et la plante sera plus grande que toi l'été venu!

Combien de personnes visitent la tour Eiffel chaque année ?

La gastronomie

La cuisine française est réputée dans le monde entier. La France est aussi renommée pour ses vins.

Les escargots cuits dans leur coquille avec du beurre et de l'ail, constituent un plat raffiné.

Les croissants, pâtisseries à pâte légère, sont servis au petit déjeuner.

Vin de fête par excellence, **le champagne** est le vin le plus connu au monde.

Les châteaux

On compte de nombreux châteaux en France. Ici, photo du château d'Azay-le-Rideau, construit au XVIe siècle ; il est entouré d'un lac.

Le TGV

Le Train à Grande Vitesse est le train le plus rapide au monde. Il roule sur des rails spéciaux et peut dépasser les 320 km/h.

Les fromages

On fabrique en France plus de 400 fromages différents, dont beaucoup sont appréciés dans le monde entier.

Ce fromager vérifie l'état de mûrissement des meules.

Le Tour de France dure trois semaines.

Sprint à l'arrivée d'une étape.

Le cyclisme

Le Tour de France est la plus importante course cycliste au monde. Chaque année, en juillet, le passage des coureurs attire des milliers de spectateurs au bord des routes.

La France est le premier producteur de vin au monde.

Environ 6 millions.

L'Allemagne et les pays alpins

Le nord de l'Allemagne est une zone basse et plate, mais le relief s'élève en allant vers le sud. La Suisse et l'Autriche se trouvent au cœur des Alpes, la chaîne de montagne la plus haute d'Europe.

Le mur de Berlin
Autrefois, un grand mur divisait Berlin entre l'Allemagne de l'Est et l'Allemagne de l'Ouest. Il a été abattu en 1989 par les habitants de la ville. Le pays a ensuite été réunifié.

Mer du Nord
Porte-conteneurs
Kiel
Fehmarn
Rügen
Cigogne
Elbe
Hambourg
Lac Müritz
Brême
Élevage de moutons
Oder
Élevage de bovins
Hanovre
Porte de Brandebourg
BERLIN
Volkswagen
Industrie chimique
Cathédrale de Cologne
Rhin
Blé
Elbe
Palais Zwinger
Allemagne
Halle
Leipzig
Düsseldorf
N
O
E
S
Pologne

Quel compositeur est né à Salzbourg, en Autriche, en 1756 ?

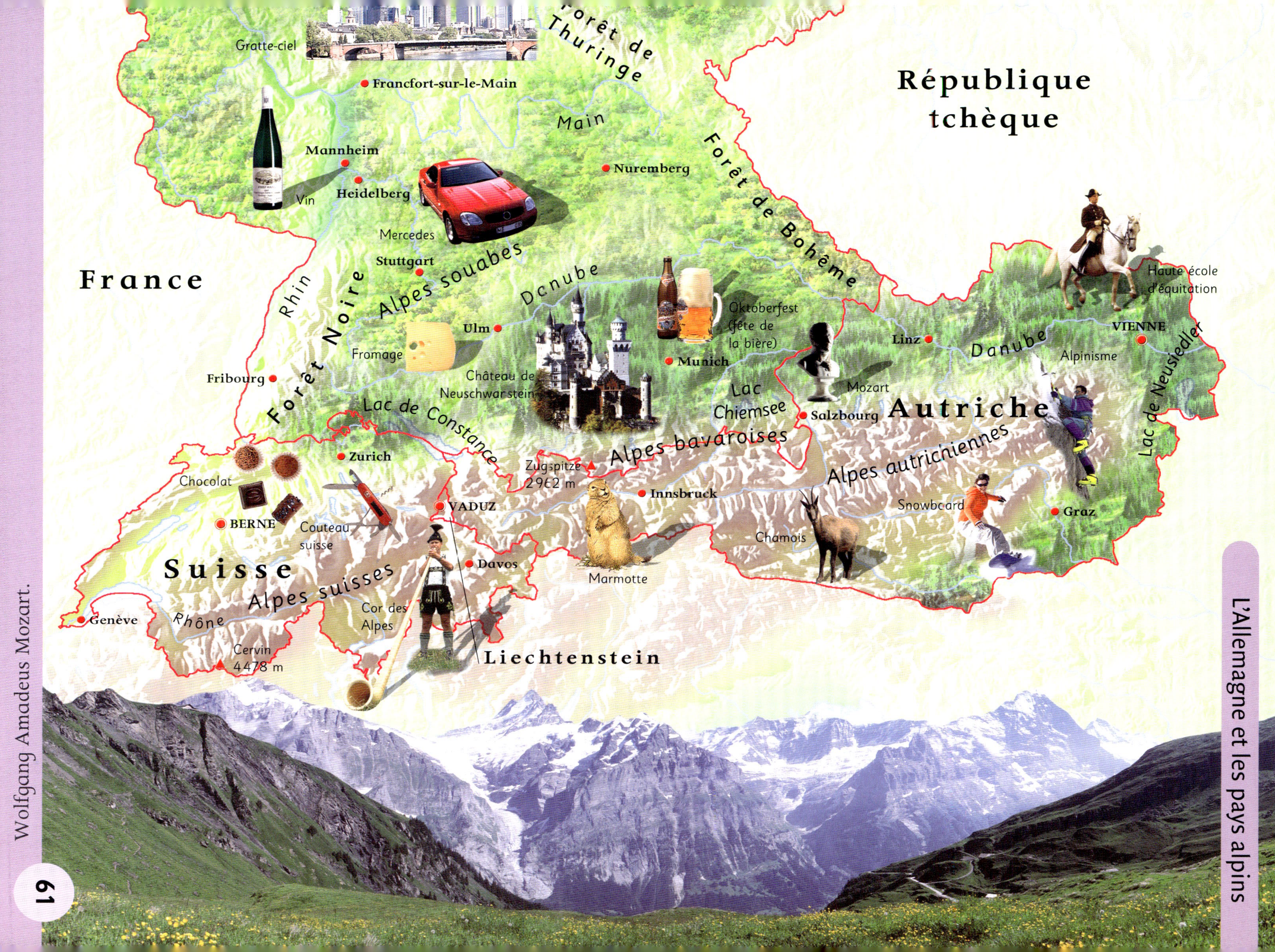
Gratte-ciel
Forêt de Thuringe
République tchèque
Francfort-sur-le-Main
Main
Mannheim
Nuremberg
Vin
Heidelberg
Forêt de Bohême
Mercedes
Stuttgart
France
Alpes souabes
Rhin
Danube
Forêt Noire
Ulm
Oktoberfest (fête de la bière)
Fromage
Château de Neuschwanstein
Munich
Fribourg
Haute école d'équitation
VIENNE
Linz
Danube
Alpinisme
Mozart
Lac Chiemsee
Salzbourg
Autriche
Lac de Neusiedler
Lac de Constance
Zurich
Zugspitze 2962 m
Alpes bavaroises
Alpes autrichiennes
Chocolat
VADUZ
Innsbruck
Snowboard
Graz
BERNE
Couteau suisse
Chamois
Suisse
Davos
Marmotte
Alpes suisses
Genève
Rhône
Cor des Alpes
Cervin 4478 m
Liechtenstein

L'Allemagne et les pays alpins

L'Allemagne, l'Autriche et la Suisse sont des pays riches à l'économie très développée. Ils fabriquent et exportent des quantités de produits de haute qualité : voitures, montres, chocolat…

Le Cervin, recouvert de glace, a la forme d'une pyramide.

Le Cervin

Cette montagne de Suisse est l'un des plus hauts sommets des Alpes. Son ascension reste réservé aux alpinistes chevronnés.

L'industrie allemande

Les Volkswagen sont produites dans la plus grande usine automobile d'Europe, non loin de Hanovre, en Allemagne.

Les sports d'hiver

Chaque année, les Alpes attirent des millions d'amateurs de ski et de snowboard. Les marcheurs et les alpinistes sont aussi nombreux à fréquenter la région.

Comment communiquaient jadis les fermiers des Alpes ?

La nature

Plusieurs plantes et animaux vivent à haute altitude.

L'edelweiss est une petite fleur blanche duvetée qui pousse en haute montagne.

La **marmotte** dort tout l'hiver dans son terrier : on dit qu'elle hiberne.

Le **chamois** est un agile grimpeur, très à l'aise sur les pentes escarpées des Alpes.

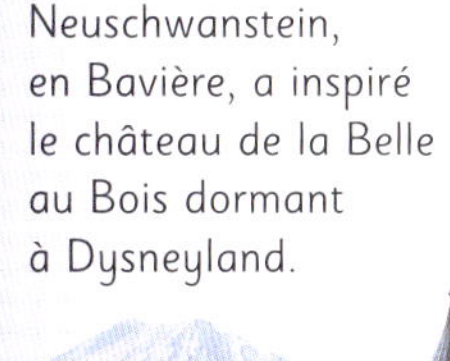

Neuschwanstein, en Bavière, a inspiré le château de la Belle au Bois dormant à Dysneyland.

Les châteaux de Bavière

Cette région montagneuse du sud de l'Allemagne compte de nombreux châteaux. Celui de Neuschwanstein a été construit en 1869 par un roi excentrique : Louis II de Bavière.

Le carnaval

Les Allemands célèbrent la fin de l'hiver par un carnaval. Les habitants de Cologne portant masques et costumes colorés participent à de joyeux défilés.

Les pâtisseries viennoises sont parmi les meilleures du monde.

Les cafés viennois

Vienne, capitale de l'Autriche, est réputée pour ses cafés où l'on peut déguster de succulentes pâtisseries.

Les vaches portent des cloches, ce qui permet aux fermiers de les retrouver dans la montagne.

La navigation fluviale

L'Allemagne dispose d'un grand réseau de rivières et de canaux. Cette péniche navigue sur le Neckar, traversant la ville universitaire de Heidelberg.

Les Suisses sont les premiers consommateurs de chocolat au monde.

L'élevage laitier

En Suisse, les vaches vont paître en altitude l'été venu. Leur lait sert à fabriquer du chocolat et du fromage.

En jodlant, c'est-à-dire en chantant, à travers les vallées.

L'Espagne et le Portugal

Situés au sud-est de l'Europe, ces deux pays baignés par le soleil forment une région appelée péninsule Ibérique.

Les Açores

Ces îles portugaises se trouvent dans l'Atlantique, à environ un tiers de distance des États-Unis.

Madère

Cette île portugaise est réputée pour le vin cuit auquel elle a donné son nom.

Les Canaries

Ces sept îles espagnoles sont situées au large de la côte ouest de l'Afrique.

Quelle est la ville la plus pluvieuse d'Espagne ?

Majorque

Cette île espagnole est l'une des grandes destinations touristiques d'Europe. Sa côte découpée offre un grand nombre de jolies plages.

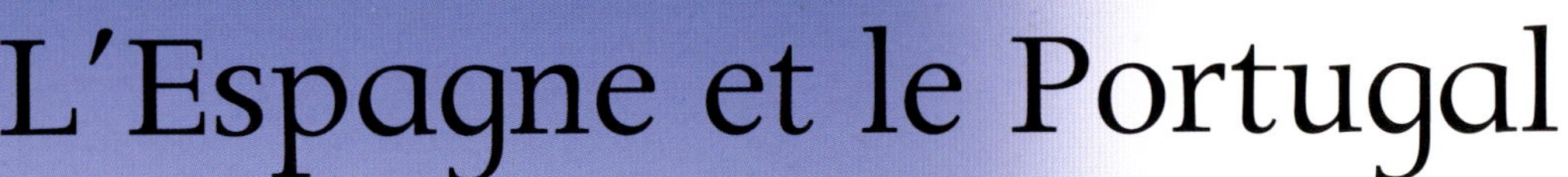

L'Espagne et le Portugal

Dans ces deux pays, les rues sont toujours animées à l'occasion des fêtes, mais l'après-midi, on fait souvent la sieste à cause de la chaleur.

Les robes des danseuses de flamenco sont ornées de volants colorés.

Une danse espagnole

Les danseuses de flamenco font tournoyer leur robe et frappent le sol de leurs talons. Cette danse est née au sud du pays il y a environ 500 ans.

La Sagrada Familia

Ce curieux bâtiment inachevé est aujourd'hu la cathédrale de Barcelone, en Espagne. Il a été conçu par Antoni Gaudí (1852-1926), un célèbre architecte catalan.

Des taureaux dans les rues

Chaque année en juillet, pendant le festival qui se déroule à Pampelune, des taureaux sont lâchés dans les rues. Il faut courir vite pour leur échapper !

La paella

Ce plat espagnol traditionnel est prépa avec du riz, des fruits de mer, des morceaux de viande, des tomates et des poivrons.

Quelle ville d'Espagne a accueilli les jeux Olympiques de 1992 ?

Les plages de l'Algarve

La côte sud du Portugal s'appelle l'Algarve. Cette région ensoleillée qui compte de nombreuses plages de sable est très touristique.

On joue de la guitare en pinçant les cordes de l'instrument.

La guitare classique
Cet instrument utilisé dans la musique traditionnelle espagnole, dont le flamenco, est né en Espagne il y a environ 500 ans.

La pêche
Ouverts sur la Méditerranée et l'Atlantique, l'Espagne et le Portugal possèdent une grande industrie de la pêche. Les habitants des régions côtières mangent beaucoup de poisson et de fruits de mer.

Bateaux de pêche traditionnels portugais.

Les homards deviennent rouges lorsqu'ils sont cuits. Vivants, ils sont bleu vert.

Barcelone.

L'Italie

L'Italie a la forme d'une botte : le haut se trouve dans les Alpes, les orteils baignent dans la Méditerranée. La chaîne des Apennins court le long de la jambe.

Alpes
Chamois
Skieur
Dolomites
Lac de Garde
Turin
Milan
Vin
Ferrari
Venise
Pô
Gondole
Bologne
Tour penchée de Pise
Tagliatelles à la carbonara
Pise
Florence
Saint-Marin
Cathédrale de Florence
Bateau de pêche
Thon
Scooter

Les lacs italiens

On dénombre 23 lacs dans la région des lacs, au nord de l'Italie. Sur le lac de Garde, le plus grand, on pratique la voile et la planche à voile.

Combien d'îles constituent l'archipel de Malte ?

Connaissez-vous...

le plus grand volcan d'Europe ? L'Etna, en Sicile. C'est aussi le plus actif.

la tour la plus bancale au monde ? La tour penchée de Pise. C'est un campanile, c'est-à-dire un clocher.

la ville où a été inventée la pizza ? Naples, où ce plat a été créé par un boulanger dans les années 1880.

Trois : Malte, Gozo, Comino.

L'Italie

L'Italie a des villes magnifiques dont les musées regorgent de trésors artistiques. Mais le pays possède aussi des industries modernes, comme l'automobile et l'électronique.

Le Vatican

La cité du Vatican est la résidence du pape, chef de l'Église catholique. C'est le plus petit État du monde ; il possède son propre drapeau.

Le Grand Canal est la « rue » principale de Venise. Il est bordé de palais construits par de riches marchands.

Les bateaux vénitiens se nomment « gondole

Venise

Cette ville est bâtie sur plusieurs îles dans la mer. Les canaux et les bateaux y remplacent les rues et les voitures.

Comment s'appellent les habitants de l'Italie antique ?

La gastronomie

La plupart des repas italiens comprennent des plats à base de légumes frais et d'huile d'olive.

Le cappucino est un café avec un nuage de lait mousseux.

Les pâtes peuvent avoir des dizaines de formes différentes. Ici, des farfalles.

Les Italiens fabriquent des **crèmes glacées** depuis plus de 500 ans.

Moulage d'un chien mort à Pompéi

Le Vésuve et Pompéi

En 79, le Vésuve, un volcan, est entré en éruption et a enseveli la ville de Pompéi sous les cendres. Aujourd'hui, on peut voir les ruines de la ville et les restes des victimes.

Une chapelle peinte

La chapelle Sixtine se trouve au Vatican. Murs et plafond ont été peints au XVIe siècle par des peintres italiens de génie, dont Michel Ange et Botticelli.

Michel-Ange a peint le plafond de la chapelle Sixtine en quatre ans, entre 1508 et 1512.

expérience

Prépare une pizza en disposant sur un morceau de pain quelques tranches de tomates et du fromage râpé. Passe le tout au four jusqu'à ce que le fromage soit fondu.

Voitures et scooters

De nombreuses marques de voitures de course viennent d'Italie. Voici une Ferrari. Les rues des villes italiennes résonnent du bruit des scooters.

Les Romains.

L'Europe centrale

Ces pays ont subi l'influence de l'Union soviétique jusqu'en 1990. Aujourd'hui, ce sont des nations dont l'industrie se modernise et dont l'agriculture demeure souvent traditionnelle.

Le saviez-vous ?

En Pologne, la ville de Torun est réputée pour son **pain d'épices**.

Budapest est coupée en deux par le Danube : Buda d'un côte, Pest de l'autre.

En Slovénie, on élève des **chevaux lipizzan,** connus pour leur pelage blanc.

Quelle épice parfume le goulasch, spécialité hongroise ?

Les Tatras
Cette chaîne de montagnes qui s'étend entre la Pologne et la Slovaquie fait partie de la chaîne des Carpates. Le point le plus haut culmine à 2655 m d'altitude.

Le paprika.

L'Europe centrale

En hiver, les plaines et les montagnes de la région se couvrent de neige. En été, les touristes se pressent pour visiter certaines des villes les mieux préservées du continent.

La Vlatva, à Prague

Ancien et moderne

Prague est la capitale de la République tchèque. La ville compte de nombreux bâtiments anciens car elle n'a jamais été endommagée par la guerre.

Bison d'Europe

La cloche du lac de Bled

Ce lac se trouve en Slovénie. Selon la légende, celui qui sonne la cloche en faisant un vœu voit son souhait se réaliser.

Les marionnettes

Les spectacles de marionnettes sont particulièrement appréciés en République tchèque et en Slovaquie.

Les bisons

Près de mille bisons sauvages vivent dans les forêts polonaises. Ces énormes animaux pèsent aussi lourd qu'une voiture familiale !

Comment dit-on « oui » en tchèque ?

Les remparts de Dubrovnik.

Des cadeaux peints

Les Tchèques et les Slovaques échangent des œufs colorés à l'occasion de Pâques. Il s'agit d'œufs durs peints à la main.

Les sources chaudes

Budapest est connue pour ses nombreuses sources thermales. Les baigneurs se baignent dans des bassins alimentés par des eaux souterraines qui sont censées soigner les maladies.

Marionnettes

Dubrovnik

Cette ville ancienne, ceinte de remparts, se trouve sur la côte dalmate. Elle accueille de nombreux visiteurs qui viennent découvrir son riche passé.

L'Europe orientale

Ces pays s'étendent entre la mer Baltique et la mer Noire. Ils faisaient naguère partie de l'URSS et sont devenus indépendants en 1991.

La colline des Croix

Chaque année, de nombreux pèlerins se rendent sur ce site sacré en Lituanie. Ils plantent une croix sur la colline en signe de leur foi chrétienne.

Connaissez-vous...

les plus vieux habitants d'Ukraine ?
Les mammouths, qui vivaient dans cette région il y a 25000 ans.

les utilisations du lin ?
La tige de cette plante donne des fibres textiles, la graine, une huile utilisée en peinture.

les plus grands marais d'Europe ?
Les marais du Pripiat qui s'étendent sur 270000 km^2.

L'Europe orientale

La mer Baltique donne à l'Estonie, la Lettonie et la Lituanie un climat froid et humide. L'Ukraine possède de nombreuses ressources naturelles : pétrole, gaz, charbon, minerais.

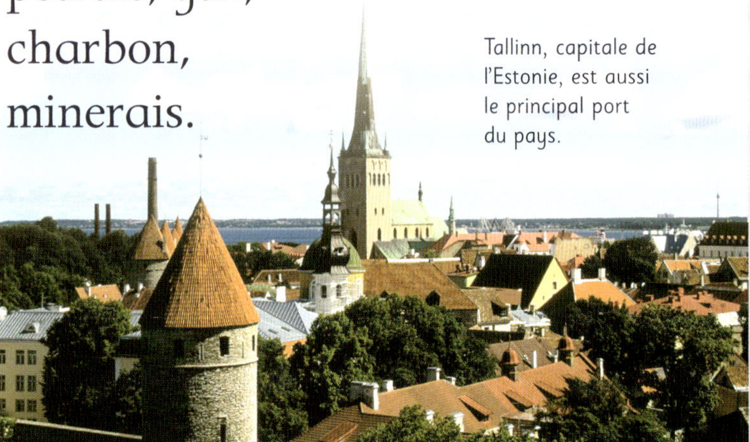

Tallinn, capitale de l'Estonie, est aussi le principal port du pays.

La capitale de l'Estonie

L'Estonie compte seulement un million d'habitants. Un tiers de la population vit à Tallinn, la capitale.

La vie rurale

Dans ces pays où se développe une industrie moderne, de nombreux habitants vivent encore de l'agriculture, utilisant souvent des méthodes traditionnelles.

Les gymnastes font différentes figures à l'aide de rubans et de cerceaux.

La piste est couverte de glace.

La luge

Près de Riga, en Lettonie, se trouve une immense piste de bobsleigh et de luge utilisée dans des compétitions internationales. Les sportifs la descendent à plus de 125 km/h.

Des gymnastes qui dansent

La gymnastique rythmique est un sport très populaire en Ukraine. Elle combine en musique la gymnastique et la danse.

Comment s'appelle le caviar le plus cher au monde ?

L'ambre de la Baltique

L'ambre est une matière précieuse qui s'est formée à partir de la résine fossilisée des conifères. Des insectes et des plantes y sont parfois emprisonnés. Une grande partie de l'ambre mondiale provient du nord de la Lituanie.

Cette araignée a été prise dans l'ambre il y a des millions d'années.

Un château sur la côte

Le Nid de l'Hirondelle est l'un des sites les plus connus du sud de l'Ukraine. Ce château, qui appartenait autrefois à un industriel allemand, est désormais un restaurant italien.

Le Nid de l'Hirondelle est perché sur une falaise qui domine la mer Noire.

Les loups

Le loup gris a disparu de la plupart des pays européens mais on trouve encore des hordes dans les montagnes des Carpates, au sud-ouest de l'Ukraine. Ils vivent dans les forêts et chassent des sangliers et des cerfs.

La gastronomie

Voici quelques plats traditionnels en Europe de l'Est.

Les draniki sont des crêpes de pomme de terre farcies à la viande.

Les œufs d'esturgeon, un poisson, constituent le caviar, un mets très cher.

Le borchtch est une soupe de betterave servie froide ou chaude.

Le tourisme en mer Noire

Beaucoup de Russes et d'Européens de l'Est passent leurs vacances d'été en Crimée, où ils trouvent un climat chaud, de nombreuses plages et une belle côte découpée.

Le caviar Almas. De couleur blanc brillant, il est vendu 20 000 euros le kilo.

L'Europe balkanique

Le Danube coule au sud-est de l'Europe et forme une frontière naturelle entre la Roumanie et la Bulgarie. Plus au sud se trouve la Grèce, riche des vestiges de son passé de grande civilisation dans l'Antiquité.

Quel est le premier produit cultivé en Grèce ?

Le saviez-vous ?

L'éponge naturelle est en fait le squelette d'un animal marin.

Les Bulgares mangent beaucoup de **yaourt** car ils pensent que cet aliment aide à vivre plus longtemps.

Les Grecs préparent leur **café** en faisant bouillir les grains dans une petite casserole avec de l'eau jusqu'à ce que le mélange mousse.

L'île de Chio, dans la mer Égée.

Olives.

L'Europe balkanique

Le sud-est de l'Europe est une région vallonnée au climat chaud qui compte de nombreuses plages. On y vit beaucoup de l'agriculture et du tourisme. Les visiteurs du monde entier se rendent en Grèce pour découvrir les ruines antiques et les îles.

Soldats grecs
Ce soldat est un evzone. Il assure la garde du Parlement grec à Athènes.

L'agriculture

Cette région possède une agriculture variée.

Le raisin pousse bien dans ces pays ensoleillés.

La pastèque est un fruit rafraîchissant qui pousse dans la terre.

Le maïs est cultivé pour produire de la farine, des aliments pour le bétail, du carburant.

Le Parthénon
Ce temple antique se trouve sur une colline au centre d'Athènes. Il a été construit il y a plus de 2 500 ans.

Les îles abritent des centaines d'églises aux murs blancs.

Les îles grecques
Le pays compte plus de 2 000 îles baignées par le soleil, elles sont une destination de vacances pour beaucoup d'Européens.

Quelle compétition sportive s'est déroulée pour la première fois en Grèce en 776 av. J.-C. ?

Le château de Bran, en Transylvanie

Le festival de la Rose, en juin, à Kazanluk (Bulgarie)

Le festival de la Rose

Les agriculteurs bulgares cultivent des roses avec lesquelles on fabrique des parfums. Il faut 2 000 pétales pour faire un gramme d'huile de rose. La cueillette annuelle est l'occasion d'un festival.

La légende de Dracula

La Transylvanie, région de montagnes couvertes de forêts, se trouve au nord de la Roumanie. C'est la patrie d'un héros de roman : le vampire Dracula.

L'élevage caprin

En Grèce, de nombreux fermiers possèdent des troupeaux de chèvres pour le lait et le fromage.

Des gitanes

Il y a beaucoup de gitans ou roms dans le sud-est de l'Europe. Traditionnellement, ils vivent dans des roulottes et passent leur vie à voyager.

La Russie et l'Asie centrale

La Fédération de Russie s'étend sur deux continents : l'Europe et l'Asie. Ses frontières sud-ouest sont bordées par huit États indépendants du Caucase et d'Asie centrale.

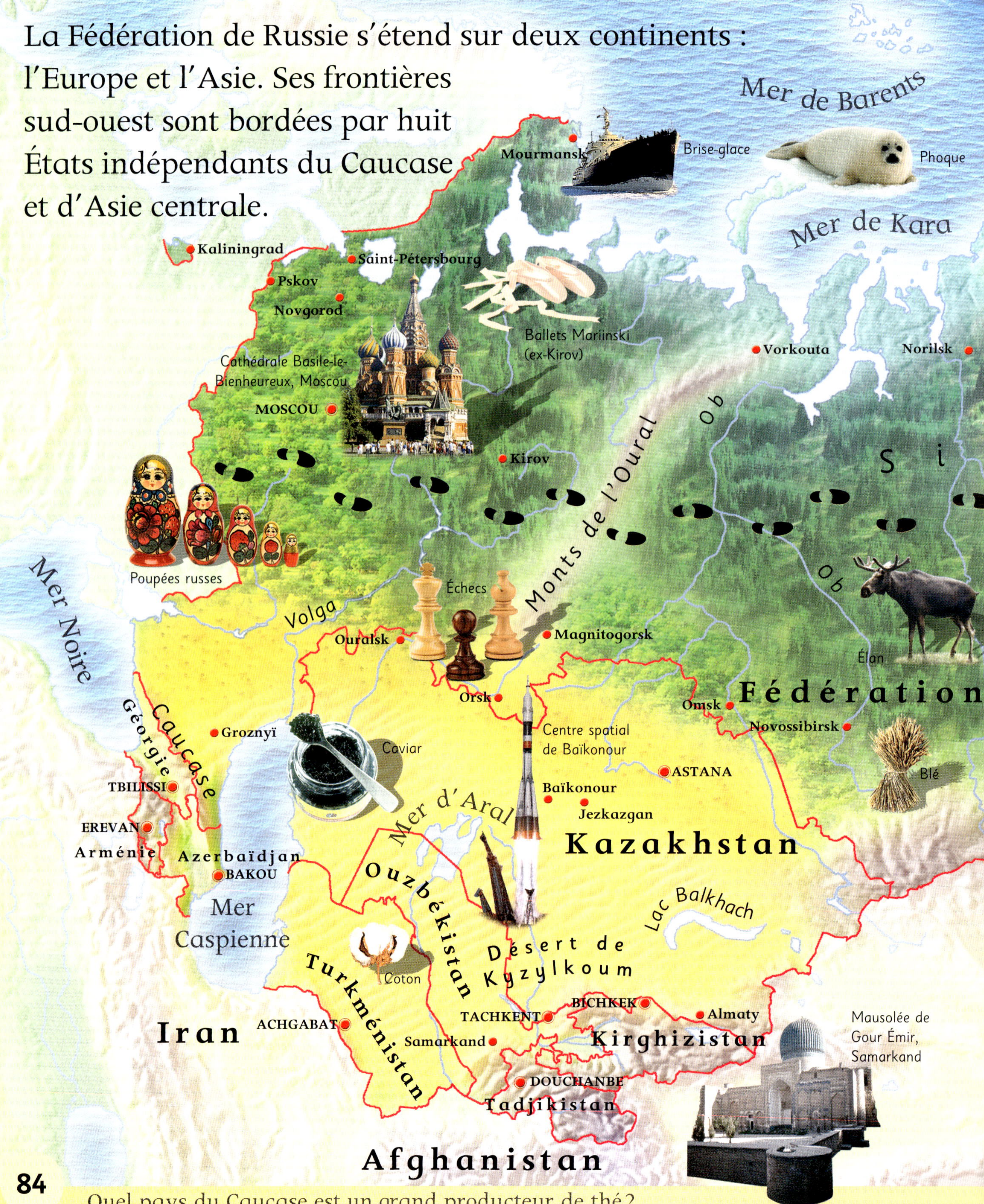

Quel pays du Caucase est un grand producteur de thé ?

Le saviez-vous?

Le caviar de la Caspienne est si cher qu'il est aussi appelé « or noir ».

Le lac Baïkal est le plus grand réservoir d'eau douce du monde.

Verkhoïansk est la ville la plus froide au monde. En hiver, la température descend jusqu'à -68 °C.

Une mer qui rétrécit

Située entre le Kazakhstan et l'Ouzbékistan, la mer d'Aral voit son niveau diminuer, car les eaux de ses émissaires servent à irriguer les champs de coton en Ouzbékistan.

La Russie

La Russie est le plus grand pays au monde. La plupart de ses habitants vivent en ville, dans la partie ouest du pays. Le gouvernement siège à Moscou.

Les églises russes traditionnelles sont couronnées de toits en forme de bulbes d'oignons.

Petrodvorets
Ce superbe palais se trouve à côté de Saint-Pétersbourg. Il a été construit au XVIIIe siècle par Pierre le Grand, le tsar qui régnait alors sur la Russie.

Basile-le-Bienheureux

Cette cathédrale se trouve sur la place Rouge à Moscou. La religion est importante pour les Russes qui sont, pour 75 % d'entre eux, chrétiens orthodoxes.

Les poupées russes s'emboîtent les unes dans les autres.

Comment s'appelait Saint-Pétersbourg du temps de l'Union soviétique ?

La danse classique

Le Bolchoï est la compagnie de ballet la plus célèbre du pays. Les danseurs, formés à l'école du Bolchoï, dansent au théâtre du même nom à Moscou.

La culture russe

La musique, la peinture, le théâtre et la littérature sont particulièrement importants en Russie.

Tchaïkovski et **Stravinski** sont deux grands compositeurs nés en Russie.

L'écrivain **Léon Tolstoï** est l'auteur de grands romans, dont *La Guerre et la Paix*.

La balalaïka est un instrument russe traditionnel. On en joue en pinçant les cordes.

La Russie soviétique

La Russie faisait naguère partie d'une immense fédération appelée URSS. Le gouvernement se trouvait au Kremlin, à Moscou.

Le Kremlin est une immense forteresse au centre de Moscou.

L'étoile rouge, la faucille et le marteau étaient les symboles de l'Union soviétique.

Vladimir Illitch Oulianov ou Lénine (1870-1924) fut le fondateur de l'Union soviétique.

L'ours brun

Symbole de la Russie, l'ours brun vit dans le nord du pays. Il pêche et chasse de petits animaux.

La Sibérie et ses voisins

La Sibérie est une immense région recouverte de forêts de conifères à l'est de la chaîne de l'Oural. Le nord de la Sibérie est si froid que le sol y est gelé toute l'année.

Tentes d'éleveurs de rennes en Sibérie

Les rennes

Comme le montre cette sculpture en os, on utilise les rennes pour tirer les traîneaux en Sibérie. Mais les habitants du nord de la région se servent aussi du lait, de la viande et de la fourrure de ces animaux.

Manteaux et bottes des Nenets sont doublés de fourrure.

Un peuple de Sibérie

L'hiver, les Nenets vivent dans les forêts. L'été, ils plient leurs tentes et prennent la direction du nord pour faire paître leurs troupeaux de rennes en Arctique.

Le Transsibérien

Il faut 8 jours pour aller de Moscou à Vladivostok avec ce train. C'est la voie de chemin de fer la plus longue du monde.

Quelle est la longueur de la ligne du Transsibérien ?

Le pétrole d'Azerbaïdjan

Le sous-sol de ce pays d'Asie centrale renferme de grandes réserves de pétrole, de gaz, de charbon et de minerais. Les recettes de l'Azerbaïdjan proviennent principalement de la vente du pétrole.

Fabriqués en Russie

Voici quelques objets qui ont fait la renommée des artisans russes.

Le samovar est un récipient décoré où l'on fait bouillir l'eau pour le thé.

Les œufs décoratifs réalisés par le joaillier russe Fabergé valent une fortune.

Le village de Dymkovo est réputé pour ses **figurines d'argile**.

En Sibérie, les **bottes** sont doublées avec la fourrure des animaux de la forêt.

Beaucoup de **jouets traditionnels** russes ont été réalisés en bois sculpté.

Les fusées russes

Baïkonour, au Kazakhstan, est le centre spatial de la Russie. C'est de cette base que sont lancées les fusées russes et qu'en 1957 est parti Spoutnik 1, le premier satellite jamais envoyé dans l'espace.

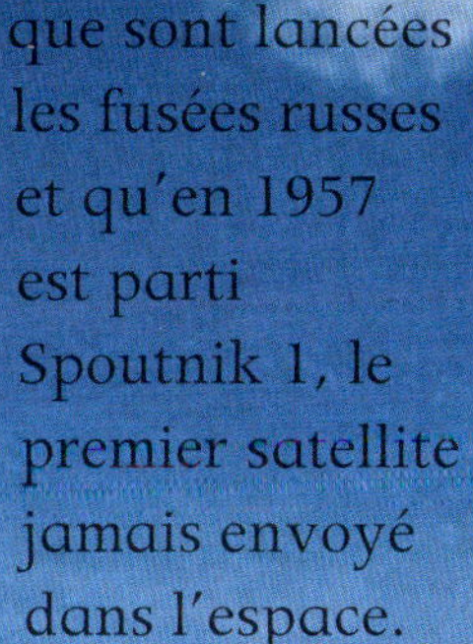

Les fusées sont lancées depuis Baïkonour.

La partie supérieure de la fusée peut abriter un satellite ou du matériel destiné à des cosmonautes déjà dans l'espace.

Des moteurs propulsent la fusée dans le ciel.

Le tissage des tapis

En Asie centrale, les femmes tissent à la main de beaux tapis en laine qui sont offerts en cadeaux de mariage. Les couleurs sont obtenues par des teintures à base de plantes.

9 440 km.

Le Moyen-Orient

Cette région au climat aride compte de grands déserts. C'est ici que trois des grandes religions sont apparues.

Istanbul
Mosquée bleue
ANKA
Turqui
Mer Méditerranée
NICO
Chypre
Mer
scul

La Mecque

Cette ville abrite la Kaaba, petit édifice cubique qui est le lieu le plus saint de l'islam. Lorsqu'ils prient, les musulmans se tournent en direction de La Mecque où tout croyant doit se rendre au moins une fois dans sa vie.

Les premiers gratte-ciel

C'est au Yémen que pour la première fois les hommes ont bâti de hautes constructions en terre séchée. Le rez-de-chaussée sert aux animaux ou à conserver les marchandises, les gens habitent les niveaux supérieurs.

Les fruits du désert

L'agriculture n'est possible que dans les zones les plus humides du Moyen Orient.

La figue est un fruit tendre que l'on fait sécher pour le conserver.

Les oliviers sont cultivées pc leurs fruits, les olives, avec lesquelles on fabrique de l'hu

La datte est le fruit d'un palmier qui pousse près des rivières et dans les oasis.

Quel pays produit 63 % des noisettes au monde ?

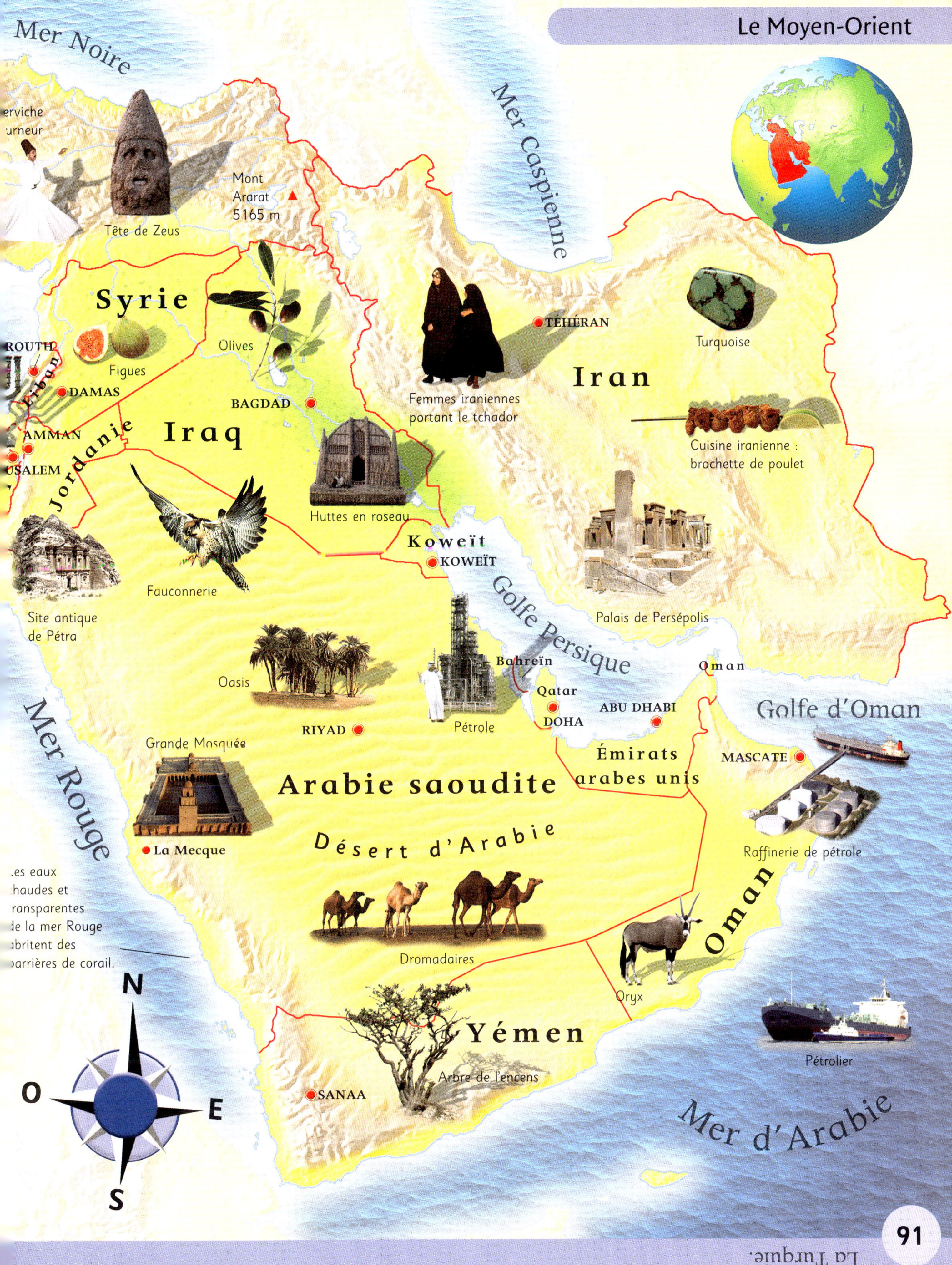

Mer Noire
erviche
urneur
Tête de Zeus
Mont
Ararat
5165 m
Mer Caspienne
Syrie
ROUTH
Figues
Liban
DAMAS
Olives
BAGDAD
Iraq
AMMAN
Jordanie
USALEM
Huttes en roseau
Fauconnerie
Site antique
de Pétra
TÉHÉRAN
Femmes iraniennes
portant le tchador
Iran
Turquoise
Cuisine iranienne :
brochette de poulet
Palais de Persépolis
Koweït
KOWEÏT
Golfe Persique
Oasis
Bahreïn
Qatar
DOHA
Pétrole
RIYAD
Oman
ABU DHABI
Golfe d'Oman
MASCATE
Émirats
arabes unis
Grande Mosquée
Mer Rouge
Arabie saoudite
La Mecque
Désert d'Arabie
Raffinerie de pétrole
Oman
.es eaux
:haudes et
ransparentes
le la mer Rouge
ıbritent des
ɔarrières de corail.
Dromadaires
Oryx
N
O
E
S
Yémen
Arbre de l'encens
SANAA
Pétrolier
Mer d'Arabie

La Turquie.

Le Moyen-Orient

Le Moyen-Orient est au carrefour de trois continents : l’Europe, l’Afrique et l’Asie. La plupart de ses habitants pratiquent la religion musulmane.

Une gourmandise typique

Les baklavas sont des pâtisseries très prisées au Moyen-Orient. Elles sont faites de couches de pâtes fines fourrées de noix, roulées et arrosées de miel.

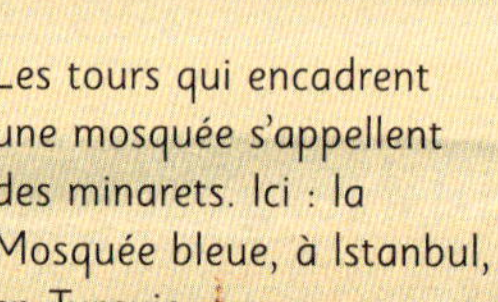

Les tours qui encadrent une mosquée s’appellent des minarets. Ici : la Mosquée bleue, à Istanbul, en Turquie.

Les mosquées

Les musulmans prient dans des édifices (mosquées) qui sont décorés de carreaux de faïence à motifs floraux ou géométriques et de versets du Coran, livre saint de l’islam.

Carreau de faïence orné de motifs géométriques

Tenue traditionnelle

En public, les femmes musulmanes cachent leurs cheveux et leur corps sous des vêtements amples.

Les dromadaires peuvent

Les caravanes de dromadaires transportent les marchandises à travers le désert.

Quelle est la langue la plus parlée au Moyen-Orient ?

Une mer trop salée

La mer Morte se trouve à 400 m en dessous du niveau de la mer. Elle est tellement salée que l'on flotte dans l'eau. Les plantes et les animaux ne peuvent y survivre.

Le Mur des Lamentations

Jérusalem est une ville sainte pour les juifs, les chrétiens et les musulmans. Les juifs prient devant le Mur des Lamentations, reste d'un temple détruit il y a 2000 ans.

La richesse du pétrole

Plus de la moitié du pétrole mondial se trouve dans le sous-sol du Moyen-Orient. La découverte du pétrole et du gaz a rendu les pays de la région très riches. Ils vendent leur pétrole à d'autres pays qui le transforment en essence, fioul, matières plastiques et produits chimiques divers.

L'hôtel Burj-Al-Arab, à Dubaï, dans les Émirats arabes unis

L'hôtel le plus haut

Bâti sur une île artificielle située à Dubaï, l'hôtel Burj-Al-Arab est le plus haut du monde. Sa forme évoque la voile d'un navire.

expérience

Fabrique un keffieh. Plie en deux en diagonale un torchon à carreaux et mets-le sur ta tête, sans recouvrir ton visage. Attache-le avec une ceinture ou un ruban de couleur foncée.

Les hommes arabes portent de longs vêtements amples et une coiffe (le keffieh) pour se protéger du soleil brûlant du désert.

rester plusieurs mois sans boire.

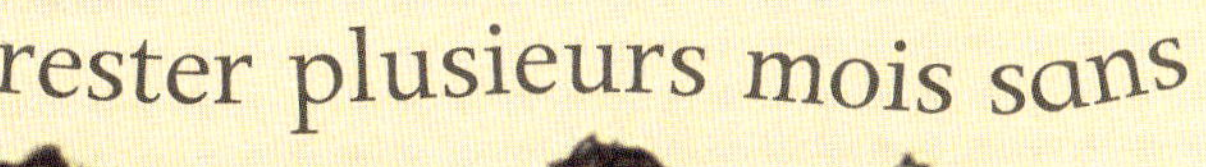

L'arabe.

L'Asie du Sud

Les pays d'Asie du Sud sont très peuplés. L'Inde, le plus grand d'entre eux, compte plus de un milliard d'habitants.

Éléphants en parade

Au cours de la fête de Puram, 101 éléphants traversent la ville de Trichur, au sud de l'Inde, dans une grande parade.

Où sont dispersés les cendres des hindous après leur mort ?

Connaissez-vous...

le lapis-lazuli ? Autrefois, on broyait cette pierre fine pour obtenir une peinture bleu ciel.

la danse indienne ? Les mouvements des danseurs racontent des histoires légendaires.

les dauphins du Gange ? Presque aveugles, ils se déplacent au son dans les eaux boueuses du fleuve.

La mousson

L'Asie du Sud est une région généralement chaude et sèche, mais chaque été il pleut abondamment pendant plusieurs semaines. Cette saison des pluies est appelée la mousson.

Dans le Gange.

L'Asie du Sud

L'Asie du Sud présente un mélange de cultures et de religions. La plupart des habitants sont hindous mais il y a aussi des musulmans, des bouddhistes, des sikhs et des chrétiens.

Soupe de lentilles
Poulet épicé
Raviolis
Légumes
Nan (pain)
Riz
Raita (sauce au yaourt)
Poppadoms

La cuisine indie
Un repas traditior comprend plusie plats présentés sur un plateau métallique appe thali.

Pèlerins se baignant dans le Gange

Une espèce menacée
Autrefois abondants dans toute la région, les tigres sont en voie de disparition. Il n'en reste que quelques dizaines dans certaines parties de l'Inde et du Bangladesh.

Quatre minarets encadrent le mausolée principal.

Les arts
Les Indiens apprécient la musique, la danse et le théâtre. Lors des spectacles de kathakali, les danseurs évoquent les mythes hindous.

Un danseur de kathakali

Un fleuve sacré
Les hindous, pour qui le Gange est sacré, pensent que les eaux du fleuve les lavent de leurs pêchés. Des millions de pèlerins viennent s'y baigner à Bénarès.

Quelle est la principale plante cultivée au Sri Lanka ?

Bollywood

On réalise tant de films à Bombay que la ville a été rebaptisée Bollywood. Souvent très longs, les films indiens comportent beaucoup de scènes dansées et chantées.

Ganesh, le dieu éléphant

Le Tadj Mahall

Il s'agit d'un mausolée, c'est-à-dire un tombeau. Il a été construit au XVIIe siècle par l'empereur Shah Jahan à l'occasion de la mort de son épouse favorite.

Les dieux de l'hindouisme

Les hindous vénèrent de nombreux dieux. On trouve des statues de Ganesh, le dieu éléphant, à l'entrée des maisons.

expérience

Prépare de la raita. Mélange dans un petit bol du yaourt nature et du concombre râpé; ajoute une pincée de feuilles de coriandre ou de menthe.

L'Asie du Sud-Est

Cette région du monde possède un climat chaud et humide tout au long de l'année. On y trouve des milliers d'îles, dont beaucoup sont couvertes d'une jungle épaisse, et de nombreux volcans.

Les marchés flottants

La ville de Bangkok est sillonnée de canaux. Les commerçants proposent leurs produits depuis leurs bateaux et les clients se déplacent sur des embarcations.

Connaissez-vous...

une race de grands singes très rare ? Les orangs-outans, qui vivent uniquement à Bornéo et Sumatra.

le babiroussa ? C'est une sorte de cochon sauvage possédant des défenses.

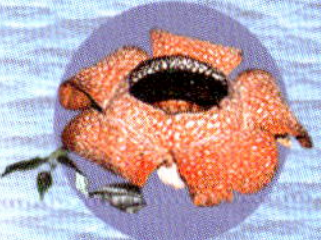

la plus grande fleur au monde ? La rafflésie, qui peut atteindre un mètre de diamètre.

Les rizières

Le climat humide convient bien à la riziculture. Les agriculteurs plantent le riz dans des champs inondés (rizières) qui sont parfois disposés en terrasses sur les flancs des collines.

Le varan de Komodo ; il peut mesurer jusqu'à 3 m.

L'Asie du Sud-Est

Les dix pays de la région s'étendent sur le continent et des îles. Le plus petit d'entre-eux est Singapour ; le plus grand, l'Indonésie, compte plus de 13 000 îles.

Bouddha couché au temple d'Ayuthia, en Thaïlande

Moine bouddhiste

Bouddha couché

Beaucoup d'habitants d'Asie du Sud-Est sont bouddhistes. Leur religion a été fondée voilà 2 500 ans par un homme appelé Bouddha, dit l'Éveillé.

Un temple dans la jungle

Angkor Vat a été construit il y a près de neuf siècles. Enfoui au fil du temps sous la jungle, il a été redécouvert par les archéologues en 1860.

Les tours d'Angkor Vat figurent sur le drapeau du Cambodge.

La Nouvelle-Guinée

Des centaines de tribus différentes vivent dans la jungle des montagnes de Nouvelle-Guinée ; elles possèdent souvent une langue qu'elles sont les seules à parler.

Quel fruit à l'odeur nauséabonde de nombreux restaurants refusent-ils de servir ?

Les fruits exotiques

Le climat chaud et humide permet à de nombreux fruits exotiques de pousser.

Le durian possède un goût délicieux, mais sent très mauvais.

La noix de coco, fruit à chair blanche, est remplie de liquide.

Le corossol a une chair couleur crème, comme du flan.

Les tranches en forme d'étoile de la **carambole** décorent joliment les gâteaux.

Le ramboutan est doté d'une peau dure couverte d'un léger duvet.

Les tours Petronas

Ces immeubles de bureau, situés à Kuala Lumpur, en Malaisie, ont été les bâtiments les plus hauts du monde, de 1998 à 2003. Ils mesurent chacun 452 m.

La faune et la flore

L'Asie du Sud-Est compte une faune et une flore variée et hors du commun. Dans les forêts de Sumatra et de Bornéo, on trouve des orangs-outans, dans quelques îles d'Indonésie, des varans de Komodo, grands lézards carnivores.

Les femmes girafes

Les Karens vivent dans les collines de Birmanie. Les femmes de cette tribu portent depuis l'enfance des colliers qui allongent leur cou.

Les orangs-outans se déplacent dans la forêt en s'accrochant aux arbres et aux lianes.

Varan de Komodo

Le durian.

La Chine et ses voisins

Un milliard et demi de personnes vivent en Chine. La Mongolie, sa voisine, compte le plus petit nombre d'habitants par rapport à sa taille.

Une armée en terre cuite

Enterrée à Xian, cette armée de statues a été réalisée il y a 2000 ans pour garder la tombe de Qin Shi Huang, le premier empereur de Chine. Elle a été redécouverte en 1974.

L'opéra chinois

L'opéra chinois traditionnel mêle le théâtre, le chant, le ballet, la pantomime et l'acrobatie. Les maquillages permettent l'identification des personnages.

Connaissez-vous...

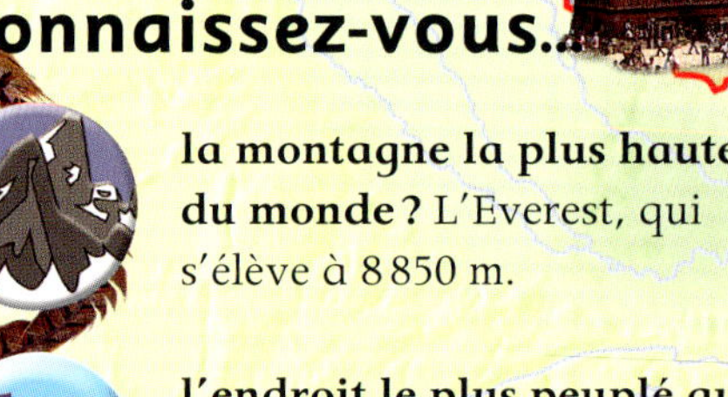

la montagne la plus haute du monde ? L'Everest, qui s'élève à 8 850 m.

l'endroit le plus peuplé au monde ? Hong Kong, où l'on compte 6 000 habitants au km^2.

le lieu le plus chaud de Chine ? Turpan, où l'on a enregistré jusqu'à 47 °C.

Quel est le second plus haut sommet du monde ?

Le K2, dans l'Himalaya, qui culmine à 8 611 m.

La Chine de l'Est et la Corée

La Chine est un immense pays dirigée par des empereurs pendant des milliers d'années et qui est aujourd'hui une république communiste. La Corée est divisée en deux pays : Corée du Nord et Corée du Sud.

Une zone surpeuplée

Hongkong est une petite région très peuplée de Chine. C'est un grand centre commercial et financier.

Un aliment de base

En Corée et en Chine, le riz est la principale culture et l'aliment de base. Le climat pluvieux de la Chine de l'Est est parfait pour cette céréale qui pousse dans les champs inondés.

On mange le riz avec des baguettes.

Rizière

La Grande Muraille

Les Chinois ont commencé à construire la Grande Muraille au IIIe siècle av. J.-C. pour se protéger des invasions mongoles. C'est la plus grande structure jamais construite par l'homme.

À bicyclette !

Il y a des millions de vélos en Chine, notamment dans les campagnes, mais dans les villes comme Pékin, on trouve aujourd'hui de plus en plus de voitures.

D'après quoi les Chinois nomment-ils les années de leur calendrier ?

Combat de tae kwon do

Les arts martiaux

Les Chinois et les Coréens ont fait de la lutte un art. Le tae kwon do est l'un des arts martiaux les plus populaires en Corée. Dans les combats sportifs, coups de pieds et coups de poings sont autorisés.

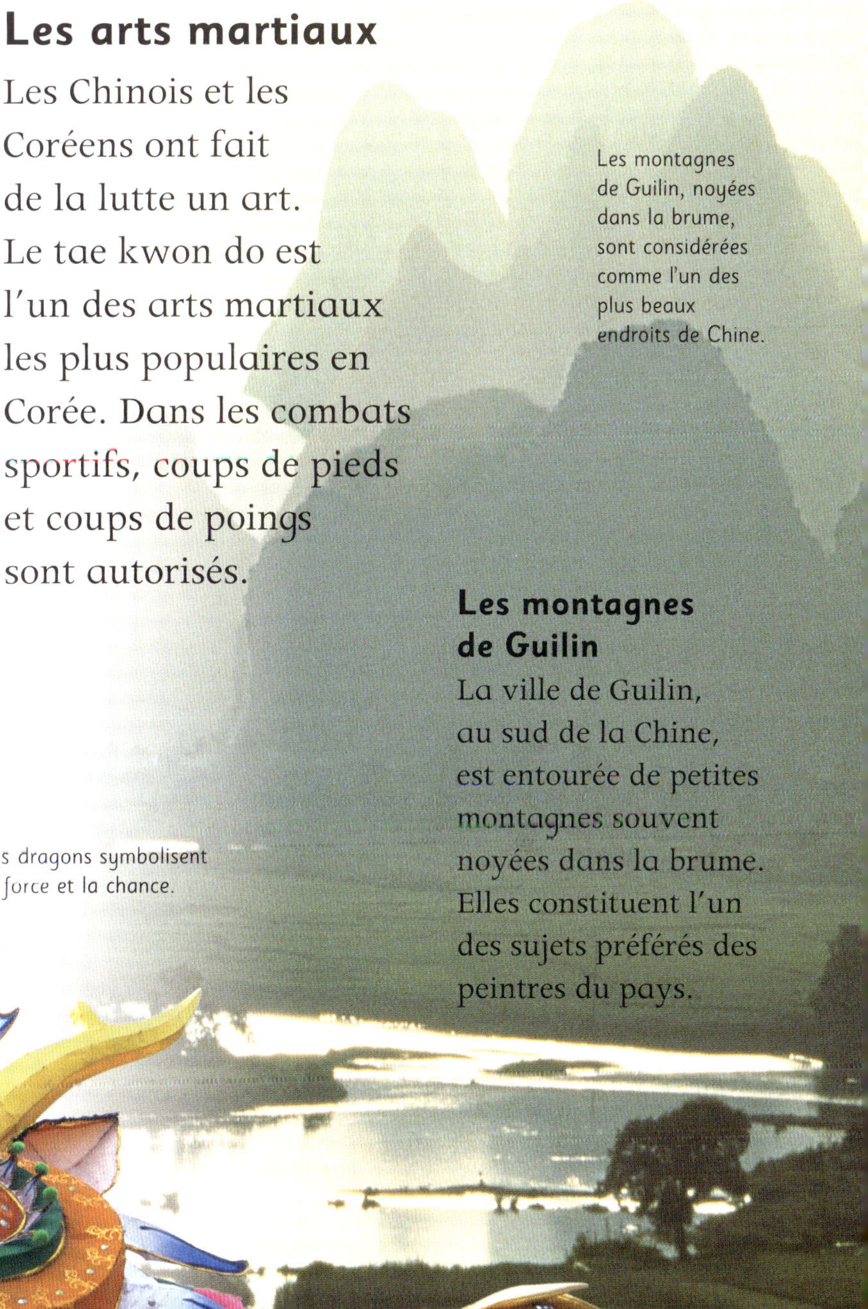

Les montagnes de Guilin, noyées dans la brume, sont considérées comme l'un des plus beaux endroits de Chine.

Le Nouvel An chinois

La fête la plus importante du calendrier chinois est le Nouvel An, qui marque le retour du printemps. L'un des temps forts est le défilé conduit par un immense dragon.

Les montagnes de Guilin

La ville de Guilin, au sud de la Chine, est entourée de petites montagnes souvent noyées dans la brume. Elles constituent l'un des sujets préférés des peintres du pays.

Les dragons symbolisent la force et la chance.

L'Himalaya et la Chine de l'Ouest

L'Himalaya abrite les plus hautes montagnes du monde et plusieurs petits pays, dont le Népal. Les steppes froides et poussiéreuses de la Chine de l'Ouest et de la Mongolie s'étendent au nord de la chaîne montagneuse.

Moines devant des moulins à prière

Les moines tibétains

Au Tibet, les moines commencent leur apprentissage dès l'enfance. Les jeunes garçons se rasent la tête, portent des robes rouges et rejoignent un monastère pour le reste de leur vie.

Les sommets de l'Himalaya sont toujours enneigés.

La chaîne de l'Himalaya s'étire sur 2 500 km.

Villages de montagne

Au Népal, les villages sont disséminés dans les étroites vallées. Les paysans cultivent des champs en terrasses aménagés sur le flanc des montagnes.

Qui est le dalaï-lama ?

Les cavaliers mongols

Les Mongols apprennent à monter à cheval dès l'âge de 3 ans. Beaucoup passent leur vie à cheval, se déplaçant à travers les plaines avec leurs troupeaux.

Le Nadaam, festival de courses de chevaux, en Mongolie

Drapeaux de prière bouddhistes

Le Potala

Ce palais fortifié se dresse dans la ville de Lhassa, au Tibet. C'est là que siégeait le gouvernement tibétain avant que le pays ne soit rattaché par la force à la Chine.

expérience

Fabrique des drapeaux de prière bouddhistes en attachant des carrés de tissu coloré sur toute la longueur d'une corde. Tends ensuite la corde à travers ta chambre.

L'ascension de l'Everest

Pour les alpinistes, l'ascension de l'Everest, la plus haute montagne du monde, est le plus grand défi. Chaque année, ils sont des dizaines à atteindre le sommet, mais certains y perdent la vie.

Une ascension épuisante et dangereuse

Un animal fort utile

Le yack est une sorte de grande vache à longs poils bien adaptée à la vie en montagne. Les Tibétains en tirent du lait, du beurre, de la viande et de la laine.

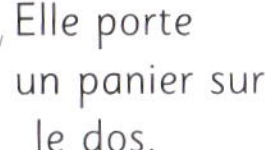

Elle porte un panier sur le dos.

Des vendeuses de fromage

Ces jeunes Tibétaines sont des nomades qui se déplacent de villages en villages pour vendre leurs fromages au lait de yack.

Le chef spirituel du bouddhisme tibétain.

Le Japon

Le Japon se compose de quatre îles principales et de milliers de petites îles. Dans ce pays largement montagneux, les villes se trouvent près des côtes, dans des zones sans relief.

Le festival de la Glace

Il a lieu chaque année en février à Sapporo. Les participants sculptent des temples, des statues, des répliques de monuments célèbres dans des blocs de glace.

Aigle de mer de Steller

Îles Kouriles

Hokkaido

Goberge

Sapporo

Grue du Japon

Macaque du Japon

Aomori

Pommes

N

E

O

S

Tasses à saké

Monts Ou

Sushis

Mer du Japan

Honshu

Jouets et gadgets

Au Japon sont fabriqués de nombreux produits électroniques : jeux pour ordinateurs, postes de télévision, robots de toutes sortes.

Une vue de Tokyo

La capitale du Japon est une ville très peuplée et très animée. Les gratte-ciel sont conçus de manière à osciller légèrement, ce qui leur évite de s'effondrer lors des tremblements de terre.

Les îles Sakishima

Cet archipel au climat tropical se trouve au sud du pays, loin au large.

Environ 12 millions.

Le Japon

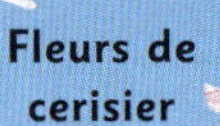
Fleurs de cerisier

Dans ce pays se mêlent tradition et modernité. Les Japonais travaillent très dur et ont fait du Japon un État prospère.

Mont Fuji

Le mont Fuji

Ce volcan au sommet couvert de neige est le symbole du pays, et de nombreux Japonais en possèdent une image chez eux. Sa dernière éruption remonte à 1707.

Les macaques du Japon

Pour combattre le froid en hiver, ils se baignent dans les sources chaudes. Ces singes intelligents savent aussi faire des boules de neige.

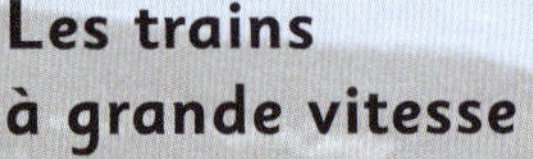

Les trains à grande vitesse

Ces trains japonais sont parmi les plus rapides au monde. Ils peuvent atteindre 270 km/h.

Contre les volcans

Au Japon, éruptions volcaniques et tremblements de terre sont fréquents. À Kagoshima, les enfants portent des casques pour se protéger des projections du volcan Sakurajima voisin.

Comment les Japonais nomment-ils leur pays ?

Vêtement traditionnel

Pour les grandes occasions, femmes et petites filles portent un kimono, en soie brodée, retenu par une large ceinture.

La fleur de cerisier

C'est la fleur nationale. Au printemps, les Japonais célèbrent la floraison des cerisiers en pique-niquant sous les arbres.

Le sumo

Il s'agit de la lutte traditionnelle japonaise. Les énormes lutteurs doivent réussir à se pousser hors d'un cercle, le dohyo.

Épaisse ceinture appelée mawashi

Chaussures ouvertes appelées zori.

Un temple bouddhiste

Le bouddhisme et le shintoïsme sont les deux principales religions du pays. Les temples bouddhistes, ou pagodes, sont construits en bois et possèdent plusieurs étages et des toits recourbés.

Baguettes

Les sushis

Les Japonais mangent beaucoup de poisson. Les sushis sont des petites portions de riz au poisson cru.

Nippon ou « pays du soleil levant ».

L'Australie

L'Australie est le plus petit des continents mais c'est un immense pays. La plupart des Australiens vivent sur les côtes, loin du grand désert qui constitue l'intérieur du pays.

Des animaux venimeux

En Australie, on trouve plus d'animaux venimeux que dans n'importe quel autre pays.

L'ornithorynque mâle possède un aiguillon empoisonné sur ses pattes.

Le venin de la **cuboméduse** peut provoquer de terribles douleurs et parfois être mortelle.

La morsure du **taïpan,** serpent très venimeux, peut causer la mort en 30 minutes.

Le venin du **serpent à queue plate** peut tuer un enfant, mais ce serpent timide mord rarement.

Le cône possède un dard mortel ; son venin tue par suffocation.

La morsure de la **tégénaire** peut provoquer un arrêt du cœur chez sa victime.

Le petit **poulpe à anneaux bleus** peut paralyser et tuer quelqu'un d'une morsure.

Darwin
Crocodile d'eau de mer
Boomerang
Broome
Dingo
Désert de Tanami
Grand Désert de sable
Territoires du Nord
Port Hedland
Émeu

Mines de fer

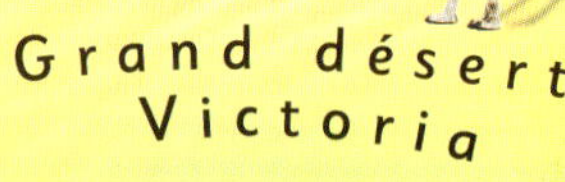

"Train de la route"

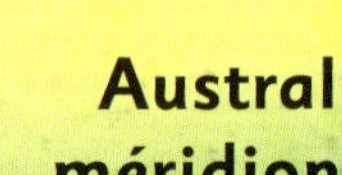

Dromadaire
Monts M
Australie occidentale
Grand désert Victoria
Australi méridion
Geraldton
Kalgoorlie

Gratte-ciel de Perth

Perth
Fremantle
Kangourou
Grande baie australien
Esperance
Grand requin blanc
Albany

De quoi est fait un récif de corail ?

Un récif de corail

La Grande Barrière de corail s'étend sur 2000 km face à la côte du Queensland. Le récif abrite de nombreux poissons multicolores.

Des squelettes de minuscules animaux marins.

L'Australie

L'Australie est située de l'autre côté du monde par rapport à l'Europe, mais la plupart de ses habitants descendent de colons européens. L'anglais est la langue principale du pays.

Les bergers australiens se servent de 4x4 pour rassembler leurs troupeaux.

L'élevage ovin

Environ un quart de la laine dans le monde provient d'Australie. Certaines fermes sont tellement isolées que les fermiers doivent se déplacer en avion !

Les Aborigènes

Ils vivent en Australie depuis plus de 50 000 ans. Selon leurs légendes, le monde a été créé par des animaux mythiques qui ont formé les rivières et les montagnes.

Le boomerang revient toujours vers celui qui l'a lancé.

Le boomerang est une arme de jet que les Aborigènes utilise pour chasser.

Quelle est la capitale de l'Australie ?

L'eucalyptus possède des feuilles cireuses au parfum puissant.

Sydney

C'est la plus grande ville et le port principal du pays. Son bâtiment le plus connu est l'Opéra, sur le port. Autour de Sydney, il y a de nombreuses plages où les enfants vont nager et surfer après l'école.

Le koala

C'est le seul animal à se nourrir de feuilles d'eucalyptus. Très paresseux, il peut passer jusqu'à 20 heures par jour à dormir.

expérience

Fabrique un porte-bonheur aborigène. Peint un motif sur un caillou lisse et rond en utilisant des cercles et des lignes de manière à représenter un animal imaginaire.

Noël à la plage

En Australie, les saisons sont inversées. L'été a lieu en décembre et les Australiens fêtent Noël sur la plage.

Des petits en forme

Les kangourous sont des marsupiaux : les femelles portent leurs petits dans une poche ventrale.

Les kangourous se déplacent en sautant sur leurs grandes pattes arrière.

Montagne magique

Uluru, ou Ayers Rock, est une immense masse de grès rouge située au centre du pays. C'est un endroit magique pour les Aborigènes.

Canberra.

La Nouvelle-Zélande et le Pacifique

Des milliers d'îles sont disséminées dans l'océan Pacifique. Les deux plus grandes forment un pays montagneux : la Nouvelle-Zélande.

Sports de l'extrême

La Nouvelle-Zélande est le pays des sports de l'extrême. Le saut à l'élastique, le parachutisme et le rafting y sont très populaires.

Danse guerrière maorie

La plupart des habitants de la Nouvelle-Zélande sont Européens mais 10 % sont des Maoris, originaires du pays. Dans les grandes occasions, les Maoris peignent leur visage et se livrent à une danse guerrière, le haka.

On déménage !

Les tremblements de terre sont fréquents et beaucoup de gens vivent dans des maisons en bois par mesure de sécurité.

Quand ils déménagent, ils peuvent emporter leur habitation avec eux, sur un camion.

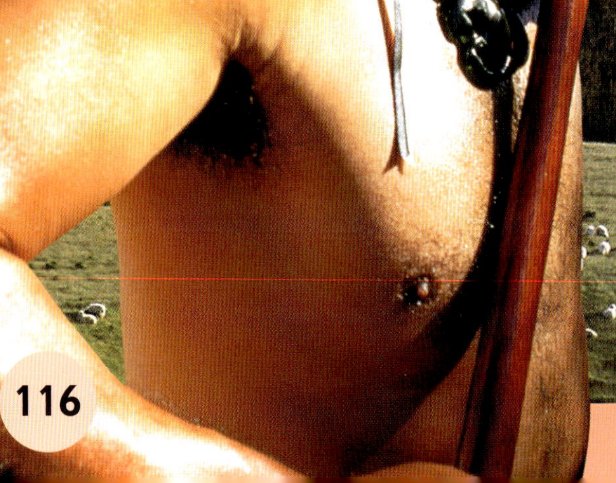

En quoi les kiwis sont-ils différents des autres oiseaux ?

Les cocotiers

Les plages des îles du Pacifique sont bordées de forêts de cocotiers. Les habitants grimpent aux arbres pour cueillir des noix de coco.

Peu peuplées

Les îles du centre du Pacifique comptent environ 5 millions d'habitants.

Les habitants du Pacifique pêchent à bord de petits bateaux en bois.

Ils ne peuvent pas voler.

L'Antarctique

L'Antarctique, couvert de glace, est le continent le plus froid du monde. En hiver, il est deux fois plus étendu car la mer qui l'entoure est gelée.

Skua subantarctique

Manchots Adélie

Krill

Manchots empereurs

Baleine bleue

Brise-glace

Ce poteau indicateur donne les distances entre l'Antarctique et différents points du reste du monde.

Les manchots

De nombreux animaux vivent sur les côtes de l'Antarctique. Maladroits sur la terre ferme, les manchots sont d'excellents nageurs.

Scott et l'Antarctique

En 1912, l'explorateur britannique Robert Scott a été l'un des premiers à atteindre le pôle Sud. Il est mort de faim et de froid sur le chemin du retour.

Quelle est la première personne à avoir atteint le pôle Sud ?

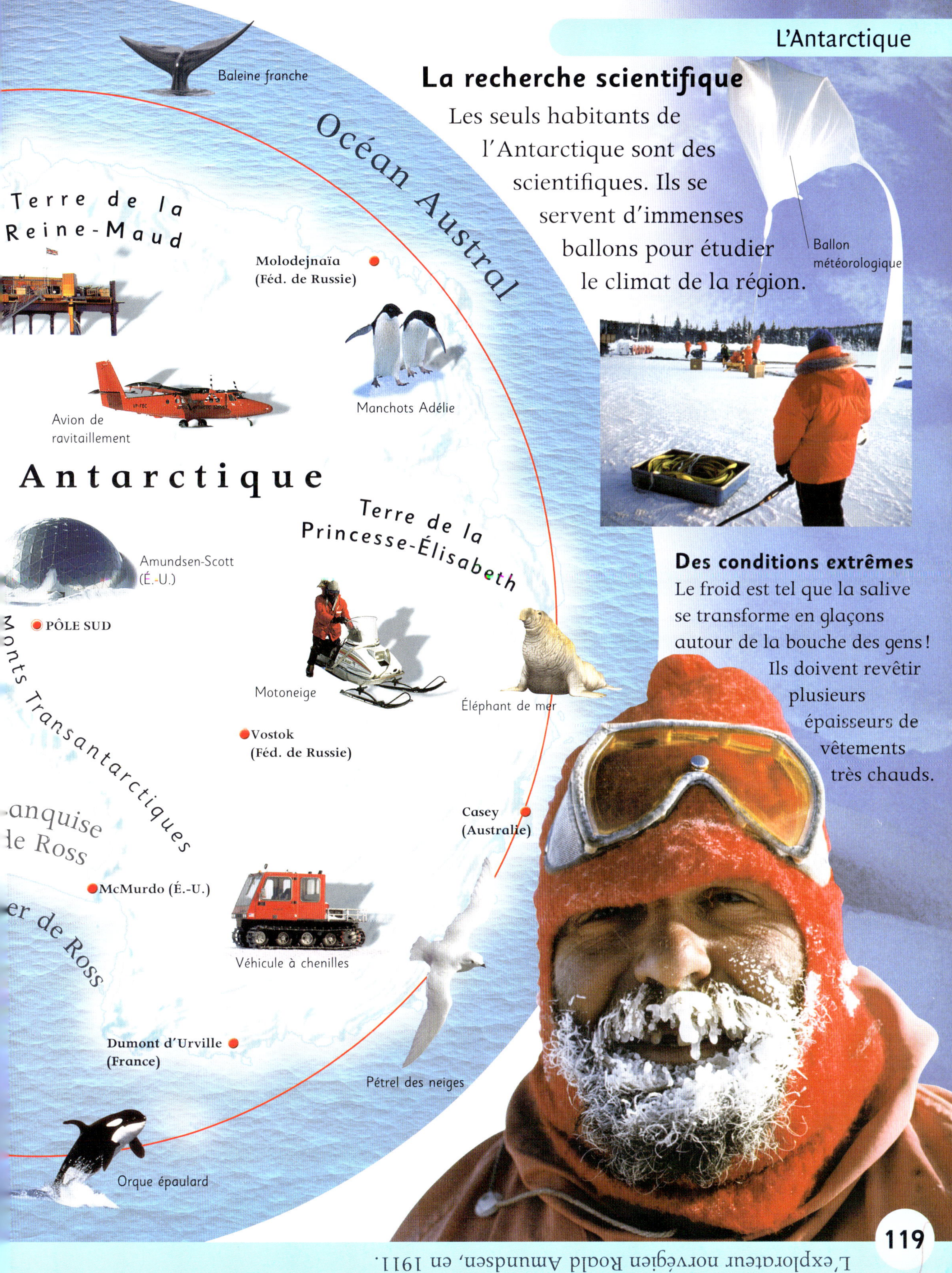

La recherche scientifique

Les seuls habitants de l'Antarctique sont des scientifiques. Ils se servent d'immenses ballons pour étudier le climat de la région.

Des conditions extrêmes

Le froid est tel que la salive se transforme en glaçons autour de la bouche des gens ! Ils doivent revêtir plusieurs épaisseurs de vêtements très chauds.

L'explorateur norvégien Roald Amundsen, en 1911.

Les drapeaux du monde

Quel est le seul pays dont le drapeau n'est ni carré ni rectangulaire ?

Il y a 195 pays dans le monde. Chacun a son propre drapeau.

Le Népal.

Index

T

UVW

XYZ

Remerciements

L'éditeur tient à remercier :

Andrew O'Brien pour certains travaux numériques ; Chris Bernstein pour l'index ; Lisa Magloff pour l'assistance éditoriale et la relecture des épreuves ; Abbie Collinson et Sadie Thomas pour la maquette ; Pilar Morales pour la PAO ; Simon Mumford pour la cartographie ; Karl Stange, Gemma Woodward et Sarah Mills pour la recherche iconographique.

Crédits photographiques

L'éditeur remercie les agences suivantes pour avoir aimablement autorisé la reproduction de leurs photographies :
(Abréviations : a = haut ; b = bas ; c = centre ; l = gauche ; r = droite ; t = tout en haut)
Action Plus : Eric Bretagnon/DPPI 78bd ; Glyn Kirk 116cbd ; **Agence France Presse :** 76cb, 90cgh ; 49chg ; **alamy.com :** Bryan et Cherry Alexander 117d ; Jon Arnold Images 54tg, 77cbg ; Peter Bowater 111cdh ; Jon Bower 104g ; Rosemary Calvert 85cdh ; Brandon Cole Marine Photography 11ch ; Alan Copson Pictures 50t ; Stephen Coyne 78cgh ; Chad Ehlers 9d ; foodfolio 71cgh ; Robert Francis 87c ; Ken Gillham 76cbg ; Robert Harding World Imagery 77cbd, 86td ; Esa Hiltula 44tcd ; Frank Krahmer 87bd ; Andre Jenny 9bg ; Brian Lawrence 67td ; Pete Oxford/Steve Bloom Images 8 ; Pictor International 105b, 115td ; Wolfgang Pölzer 11d ; Rolf Richardson 76cbd ; Sami Sarkis71td ; Paul Springett 2-3 ; J Stock 2-3 ; Petr Svarc 104bc ; A. T. Willett 9tg ; **Bryan And Cherry Alexander Photography :** 14-15, 14chd, 15tg, 15chd, 16bg, 41cd, 85cgh, 85ch ; 88bd, 88 ; **© A.M.P.A.S ® :** Oscar statuette est la marque déposée et la propriété de l'Academy of Motion Arts and Sciences 25cb ; **Ardea London Ltd :** 21cbg, 26cdh, 72ch, 79cgh ; Edwin Mickleburgh 119bd ; **Auto Express :** 73cgb ; **Anthony Blake Photo Library :** 84cbg, 85cbd ; **Booth Museum :** gcd, 30cbg ; **British Museum :** 94cd ; **Simon Brown :** 69ch ; **John Bulmer :** 46chd ; **Andrew Butler :** 110td ; **Corbis :** 54cgb, 91cd, 103chd ; AFP 45td ; O. Alamany & E. Vicens 74g ; Paul Almasy 16cb, 17td, 37tg, 63clb, 80cd, 85cg, 99chg ; James L. Amos 13td ; Archivo Iconografico, S.A. 55td, 57c ; Tony Arruza 20bg, 49cbd ; Yann Arthus-Bertrand 91cbg, 110cdh ; Craig Aurness 91bd ; Roger Ball 61cbg ; Dave Bartruff 63cg, 108bc ; Tom Bean 26cgh ; Morton Beebe 62-63 ; Annebicque Bernard/Sygma 56tcd ; Bettmann 48bcg, 70td, 71c, 118bg, 118cbg ; Jonathan Blair 41bcg ; Georgina Bowater 59cg, 91c ; Tom Brakefield gcd, 27bc, 27bd, 57bg, 10gd ; Jan Butchofsky-Houser 77cdh ; Michelle Chaplow 64cbd ; L. Clarke 113cb ; Lloyd Cluff 42bd ; Dean Conger 79bd, 98cdh, 99cgh ; Richard Cummins 49chd ; Tim Davis 118tg, 119ch ; Carlos Dominguez 44bc ; Robert Dowling 60c ; Duomo 46td ; Ric Ergenbright 84bd ; Macduff Everton 10gt ; Eye Ubiquitous 16tc, 17cdh, 21cgb, 81cb, 91bc, 94chg ; 96g, 116c ; Sandy Felsenthal gch, 26ch ; Owen Franken 59cd, 99cgb ; Michael Freeman 80cdh, 94cdh, 108c ; Fukuhara, Inc. 109cg ; Raymond Gehman 17bg ; Todd A. Gipstein 68ch ; Tim Graham/Sygma 50b ; Annie Griffiths Belt 23tg ; Darrell Gulin 26chg ; Dan Guravich 84td ; Paul Hardy 54cb, 92cd ; Blaine Harrington III 34b ; Jason Hawkes 49cbd ; Dallas et John Heaton 6cdb, 47r, 61c, 72bc, 73chg, 102bg, 114bg ; Chris Hellier 90b, 91tg ; Robert Holmes 24ch ; Jeremy Horner 94td, 100c, 101bg ; 102cdb ; Dave G. Houser 47cg, 92g, 100-101 ; Peter Johnson 41ch, 116bd ; Dewitt Jones 51bc ; Hekimian Julien 51bg ; Ray Juno 61d ; Wolfgang Kaehler 61cgb, 63cdb, 85cb, 88bg, 101bd, 116cb, 119cb ; Steve Kaufman 20cdb, 108chg ; Richard Klune 55cd ; Frank Lane Picture Agency 98cb, 99cgh ; Maurizio Lanini 61chd ; Lester Lefkowitz gc, Alain Le Garsmeur 103chg ; Danny Lehman 90td ; Charles & Josette Lenars 99cbd ; Liu Liqun 103cg ; Chris Lisle 45c ; Massimo Listri 60cdh ; Yang Liu 103cb ; Craig Lovell 72bc, 73cb, 109cbg ; Christophe Loviny 98ch ; Renee Lynn 85cbd ; William Manning 21tg ; James Marshall 33tg ; Dennis Marsico 117bg ; Francis G. Mayer 56cdb ; Jim McDonald 77cbg ; Wally McNamee 25ch, 78b ; John McPherson 51d ; Milepost 92/Colin Garratt 49td, 57tg ; Sally A. Morgan/Ecoscene 57tc ; Warren Morgan 116td ; Christopher J. Morris 65cg ; Francesc Muntada 72chg ; Anthony Nex 37ch ; Michael Nicholson 77c ; Alain Nogues/Sygma 56cdb ; Richard T. Nowitz 33cbg ; Elizabeth Opalenik 38-39 ; Charles O'Rear 39cgh, 82cd ; Diego Lezama Orezzoli 30cdh ; Van Parys 53cgh ; Caroline Penn 38td, 89tg ; Caron Philippe 49bd ; Giraud Philippe 36td ; Amet Jean Pierre 46cdh ; Michael Pole 116cd ; Rick Price 119chg ; Carl & Ann Purcell 42bd, 80cbd ; Jose Fuste Raga 60cb, 72cbg ; Steve Raymer 76cbd ; Reuter Raymond 53ch ; Carmen Redondo 36cbg, 73chg ; Roger Ressmeyer 23cdh, 49chd, 84cb, 110bg ; Hans Georg Roth 67bd ; Arthur Rothstein 80cbg ; Galen Rowell gcd, 30bc, 119cg, 119c, 119cbg ; Kevin Schafer 47cgh ; Alan Schein Photography 91cdb ; Houston Scott 109tg ; Sean Sexton Collection 71ch ; Shepard Sherbell/SABA 119td ; Ariel Skelley 24-25 ; Douglas Slone 22td ; Paul A. Souders 45cbg, 112cbg, 117cg ; Hubert Stadler 35td, 35cgb ; Mark L Stephenson 70b ; David Stoecklein 61chd ; Vince Streano 68tc ; Keren Su 89cgb, 98ch, 102cgh, 103tc ; Liba Taylor 73chg ; Tim Thompson 75d, 83cgb ; Roger Tidman 36cbd, 118ch ; David Turnley 85bg, 87tg ; Peter Turnley 60cg, 78td, 91ch ; Vanni Archive 81d ; Brian A. Vikander 102cd, 107c ; Uwe Walz 60ch ; Patrick Ward 49cgh, 115cd, 116g ; Karl Weatherly 61tc ; Robert Weight/Ecoscene 119cgh ; K.M. Westermann 36cb ; Nik Wheeler 56td, 91chg, 91tcg ; Adam Woolfitt 61tcg ; Michael S. Yamashita 98cd, 105tg ; Jim Zuckerman 2bd, 38bg, 56bg, 100g ; **Tim Daly :** 49bcg ; **Philip Dowell :** 30cbd, 32cbg ; **Alistair Duncan :** 36tcd, 91cg ; **Gables Travels :** 36bd, 37cgb, 94c, 102cb, 102cbd ; **Getty Images :** 20cdb, 21cg, 22tg, 22cd, 30cbg, 49tc, 55, 65chd, 109cg ; Peter Adams 94cdb ; AEF – Yves Debay 37bc ; Guido Alberto Rossi 28g, 68cd ; Jon Arnold 49chd ; Brian Bahr 25bd ; Daryl Balfour 37tg ; James Balog 15cd ; Brett Baunton 73td ; Josef Beck 63ch ; Benelux Press 82 ; John Callahan 10-11 ; David Cannon 31cgh ; Anthony Cassidy 113cb ; Flip Chalfant 21c ; China Tourism Press 104cdh, 105td ; Geoffrey Clifford 35tg ; Color Day Production 82cgh ; Cosmo Condina 29cgb ; Joe Cornish 56chd ; Doug Corrance 48cdb ; Joseph Devenney 27ch ; Nicholas DeVore 40cgh ; Antony Edwards 48td, 59d ; Michael Freeman gchd, 27cl ; Robert Frerck 26tg ; Stephen Frink 21bd, 64chg ; Paul Harris 12bc ; David Kjaer 17cd ; Jerry Kobalenko 79d ; Hideo Kurihara 117cgh ; Yann Layma 104cdb ; Frans Lemmens 37ch, 52chg ; Will & Deni McIntyre 27cd ; Alan Majchrowicz 8bd ; Barbara Maurer 92d ; Ted Mead 114-115 ; NASA 43td ; Donald Nausbaum 33d ; James Nelson 29td ; Mike Powell 19tc, 59bg ; Martin Puddy 95d ; Terje Rakke 45cgb ; John R. Ramey 45bcg ; Edwin Remsberg gchd ; Galen Rowell 27cdh ; Thomas Schmitt 112ch ; Herb Schmitz 116bg ; Felix St. Clair Renard 62bg ; Space Frontiers 89d ; James Strachan 42g ; David Sutherland 84chg, 86g ; Pete Turner 20cdh ; Alvis Upitis 44td ; Art Wolfe 9cg, 69c, 69cbg ; Jeremy Woodhouse 53d ; **Glasgow Museum :** 92cb, 97td ; **Robert Harding Picture Library :** 18bd, 31cg ; C Bowman 52cbd, 80ch ; Robert Frerck 32g ; N. Hangay 107tg ; R Harding 3d, 19d, 94bcd ; Gavin Hellier 55tg ; D. Jacobs 113cgh ; David Lomax 46bd ; A. Neville 93ch ; P Robinson 80cbd ; Silvestris 63cgh ; Paul Van Riel 110 ; A Woolfitt 83tc ; A Wright 94cb ; **HB Oktoberfest Beer :** 61c ; **Sean Hunter :** 1chh, 20cg, 22-23b ; 68cb, 69cbg ; © FMGB Guggenheim Bilbao Museoa, 2003. Tous droits réservés. Reproduction totale ou partielle interdite. 65tg ; **Hutchison Library :** 96-97 ; David Brincombe 7c, 40 ; Jon Burbank 110-111 ; Andrew Eames 84ch, 118cdb ; Bernard Gerard 93d ; Patricio Goycoo 107bd ; Bernard Regent 46cgb, 66td ; Isabella Tree 13cb ; **Images Of Africa Photobank :** David Keith Jones 37cgh ; **ImageState/Pictor :** 27chg ; 32cd, 58td, 69cg, 94cbd, 99cdh, 109cd, 109cbg, 112cd, 115cg ; Randa Bishop 109cgh ; Douglas David Seifert 26cg ; Ethel Davies 95cgb ; **Impact Photos :** Christophe Bluntzer 107cg ; **INAH :** gch, 26cd, 27cgb, 28-29 ; **Katz/FSP :** Liaison 20bcg ; **Barnabas Kindersley :** 17cla, 68cbd, 102cdh ; **Nicolas Lewis :** 39cd ; **Lonely Planet Images :** Rhonda Gutenberg 80chd ; Craig Pershouse 76ch, 76cbd ; Tony Wheeler 81c ; **Marwell Zoological Park :** 44c ; **Leon Mead :** 114ch ; **Tracy Morgan :** 49chg ; **Mountain Camera/John Cleare :** 107td ; **David Murray & Jules Selmes :** 31bg, 65c, 69tg, 99cbg, 111bd ; **Museo Archeologico Nazionale di Napoli :** 69chg ; **NASA :** Finley Holiday Films gchd, 21cdb ; C. Mayhew & R. Simmon 4bg ; **National Maritime Museum :** 103cdb ; **National Trust Authority :** 48cd ; **Natural History Museum :** 2td, 26ch, 36cd, 85c, 98cd, 103cbd, 109cg, 113cg ; **Nature Picture Library :** Ingo Arndt 1cbr, 31bd ; Martin Dohrn 31cgb ; Vincent Munier 108tg ; Peter Oxford 106td ; TJ Rich 85cbg ; Anup Shah 37d ; Lynn M. Stone 94cg ; **Mrs C.P. Neeson, Plaxtol, Kent/Campanero XIV :** 65cbg ; **N.H.P.A. :** A.N.TN 112cqb ; Bill Coster 85tg ; Stephen Dalton 32cgh ; Daniel Heuclin 41cgh ; B Jones & M. Shimlock 112cgb ; Peter Pickford 32-33 ; Andy Rouse 96c ; Kevin Schafer 34td ; Norbert Wu 10bg ; **Odds Farm Park :** 48c ; Oxford Scientific Films : David Fleetham 112cgb ; Tom Leach 63cgh ; Colin Monteath 106 ; Mike Powles 44cb ; **Amit Pasricha/Avinash Pasricha :** 97tg ; **Pictures Colour Library :** 46g ; Charles Bowman 44cbd ; George Hunter 16bd ; Edmund Nagele 49cgb ; **Pitt Rivers Museum :** 88td ; **Popperfoto :** 87cgb ; China Photo/Reuters 89chg ; Petr Josek/Reuters 83bd ; **Powerstock :** 25td, 54cd, 54-55, 109cg ; J. Beck 98c ; Werner Otto 63cdh ; Alan Wycheck 65bg ; **Antony Pozner, Hendon Way Motors :** 68c, 71bc ; **Magnus Rew :** 91cgh ; **Royal British Columbia Museum, Victoria, Canada :** 77cbg, 77bcd ; **Guy Ryecart :** 69tg ; **Science Photo Library :** Bernard Edmaier 12 arrière-plan ; Simon Fraser 14-15 ; Chris Madeley 14tc ; David Vaughan 14chd ; **Seapics.com :** Doug Perrine 10-11 ; **Neil Setchfield :** gch, 20cgb ; **Still Pictures :** 44cdb ; Mark Edwards 114td ; Nicolas Granier 42td ; Sergio Hanquet 113d ; Roger de la Harpe 7cd, 41d ; Thomas Kelly 106bd ; Andre Maslennikov 47tc ; Andreas Riedmiller 61cbd ; **Stanislav Tereba/Olympia :** 72cdb, 74-75 ; **Weymouth Sea Life Centre :** 45bc, 112bg ; **World Pictures :** 1bd, 35bd, 44ch, 58g, 63tg, 66cd, 66g, 69bd, 74cdh, 74cdb, 75cg, 83cgh, 93tg, 93cgb, 98bg, 110-111 ; **Jerry Young :** 12cdb, 13c, 15td, 26cdh, 36cdh, 37cg, 45tg, 47cgh, 69tcg, 80chg, 85chg, 112chd.
1re de couverture : Image/State Pictor, hg, Shutterstock, hg, © Alex James Bramwell bd, © Eu Toch, bd, © Wolfgang Kaehler/CORBIS cg, © Kazuyoshi Nomachi/ Corbis cg, DK Picture Library : Glasgow Museum.
4e de couverture : Shutterstock © Floridastock

Un site internet exclusif

Comment accéder au site internet du livre

1 - Se connecter

Tape l'adresse du site dans ton navigateur et ajoute-la dans tes favoris :
www.decouvertes-gallimard-jeunesse.fr/6-9
Tu retrouveras à cette adresse le site propre à cette encyclopédie.

2 - Découvrir des liens internet correspondant à chaque chapitre

Une sélection de liens internet pour chaque chapitre de ce livre et adaptés à ton âge t'est proposée.

3 - Choisir un lien

Clique sur le lien qui t'intéresse et découvre des quiz, des vidéos, des jeux, des animations 3D, des bandes sonores, des visites virtuelles, des bases de données, des chronologies ou des reportages.

4 - Télécharger des images

Une galerie de photos est accessible sur notre site pour ce livre.
Tu pourras y télécharger des images libres de droits pour un usage personnel et non commercial.

Important

• Demande toujours la permission à un adulte avant de te connecter au réseau internet.
• Ne donne jamais d'informations personnelles.
• Si un site te demande de t'inscrire avec ton nom et ton adresse e-mail, demande d'abord la permission à un adulte.
• Ne réponds jamais aux messages d'un inconnu et parles-en à un adulte.

Note aux parents : Gallimard Jeunesse vérifie et met à jour régulièrement les liens sélectionnés, leur contenu peut cependant changer. Gallimard Jeunesse ne peut être tenu pour responsable que du contenu de son propre site. Nous recommandons que les enfants utilisent Internet en présence d'un adulte, ne fréquentent pas les *chats* et utilisent un ordinateur équipé d'un filtre pour éviter les sites non recommandables.